italienische FAMILIENREZEPTE

Silvana Cozzutto

Foodfotografie: Kai Mewes

Inhaltsverzeichnis

BEI MIR ZU HAUSE bekommen die Gäste nicht nur immer etwas Gutes zu essen, sie erfahren auch vielerlei Geschichten aus meiner Heimat, vor allem rund ums Kochen. Sie waren es auch, die mich davon überzeugten, ein Kochbuch zu schreiben, das nicht nur Rezepte und bunte Bilder enthält, sondern gerade auch diese Geschichten.

Ermutigt durch ihre Zuversicht habe ich mich an die Arbeit gemacht. Manche Erinnerungen waren von Anfang an da, bei anderen hingegen musste ich mein Gedächtnis auspressen wie eine Zitrone. Oder meine Geschwister in Neapel anrufen, denn meine Eltern leben beide nicht mehr.

Kochen habe ich von meiner Mutter gelernt, was nicht immer ganz einfach war: Sie war eine starke Frau. Sie gab den Ton an und alles musste nach ihren Vorstellungen geschehen. Wenn ich etwas anders machte, gab es Streit. Da auch ich – wen wundert es – einen starken Willen habe, flogen bei uns zu Hause sehr oft die Fetzen.

Beim Schreiben dieses Buches ist mir immer mehr aufgefallen, dass ich ihr in vielerlei Hinsicht ähnlicher geworden bin, als ich es mir damals gewünscht hätte. Als Teenager ergriff ich die Flucht nach vorne, als reife Frau kehre ich zu meinen Wurzeln zurück. Der Kreis meines Lebens schließt sich. So habe ich beim Schreiben dieses Buches auch ein Stück von mir selbst wieder gefunden.

Den Lesern, die mich nicht kennen, wünsche ich, dass sie noch viel mehr in diesem Buch entdecken: ein Stück süditalienisches Leben, das fast verschwunden ist, und dazu Gerichte zum Nachkochen, die weder beim Italiener in Deutschland zu bekommen sind noch an den italienischen Urlaubsorten. Denn bei den Rezepten in diesem Buch handelt es sich um völlig unverfälschte Rezepte aus meiner Familie.

WIDMUNG

AN MEINEN VERSTORBENEN VATER: DENN IHM WURDEN DIE WORTE GESTOHLEN.
AN MICH SELBST: WEIL ICH MICH DER WORTE WIEDER BEMÄCHTIGT HABE.
AN MEINEN SOHN MORITZ: ER SOLL SIE EMPFANGEN UND WEITERTRAGEN.

WENN ICH AN MEIN

Zuhause zurückdenke, sehe ich als Allererstes unseren Küchentisch und unsere sieben Köpfe rundherum. Das Familienfoto dieser Szene liebe ich über alles. Unser Küchentisch war das Herz unseres Lebens, an ihm passierte alles: Es wurde gelacht, geweint, stundenlang erzählt, genäht, gebügelt, gekocht, Nudelteig geknetet, Erdbeben erlebt, Gespräche unter Frauen gehalten, Gäste empfangen und – weil unsere Sozialwohnung nur aus drei Zimmern bestand und nicht jedes Kind ein eigenes Zimmer hatte – wurden dort auch die Hausaufgaben erledigt.

Wenn wir aßen, saß ich immer links von meinem Vater. Nicht rechts, denn die christliche Tradition verlangt, dass rechts der Sohn sitzt, und so saß dort mein Bruder. Mich, die Tochter zu seiner Linken, verwöhnte er mit allerlei Leckerbissen aus seinem eigenen Teller, mir goss er auch immer Wein ein.

So lange ich zurückdenken kann, habe ich zum Essen immer Wein bekommen. Diese Gewohnheit habe ich heute noch gern. Vielleicht liegt es daran, dass mein Vater immer in seiner alten neapolitanischen Sprache sagte: »Trink Kind, es schmeckt wie Schokolade«. Damals verstand ich diesen Vergleich nicht. Den Wein kauften wir von meinem Onkel in Castellammare di Stabia, der kein eigenes Weingut besaß, dafür aber ein Lebensmittelgeschäft in (damals) ländlicher Umgebung. Die Trauben zum Keltern besorgte er sich in Apulien und den köstlichen Saft machte er selbst. Dieser Wein floss nur zäh aus dem Glas und als es schließlich leer auf dem Tisch stand, hatte es rundherum und auf dem Boden eine dicke rubinrote Patina. Das Zirpen der Zikaden an heißen Sommernachmittagen, weiße schummrige Häuser mit grünen Läden, das Summen der Fliegen in der sumpfigen Hitze des Mittags, das stählerne Licht des Meeres, das Blut der braun gegerbten Bauern, das alles war in diesem Wein.

Primi

IN DEN 70ER-JAHREN WAR
DAS MEER IM GOLF VON
NEAPEL BEREITS SO
VERSCHMUTZT, DASS DAS
BADEN DORT KEIN GENUSS
MEHR WAR. MEINE ELTERN
MIETETEN DESHALB FÜR UN-
SEREN 4-WÖCHIGEN SOMMER-
URLAUB EINE WOHNUNG IN
CILENTO, WO HEUTE EIN
NATIONALPARK ENTSTANDEN
IST. PISCIOTTA MA-
RINA HIESS DAS DORF,

ALS UNTERSCHEIDUNG VON PISCIOTTA MONTE, DAS OBEN AM BERG LIEGT. DIE FRAUEN VOM **BERGDORF** WUSCHEN IHRE WÄSCHE NOCH IM FLUSS ODER IN **GROSSEN STEIN- TRÖGEN.** ZUM TROCKNEN HÄNGTEN SIE IHRE WÄSCHE NICHT AUF LEINEN, SON- DERN BEFESTIGTEN SIE AN **SCHRÄGEN FELS- WÄNDEN,** AUF JEDE ECKE KAM EIN GLATTER FLUSS- STEIN. UNTEN AM MEER HINGEGEN LEGTEN DIE **FISCHERFRAUEN** IHRE WÄSCHE AUF DEN STEIN- STRAND.

Das Meer war damals so kristallklar, dass man vielerlei Fische sehen konnte. Die Fischerkinder holten die Polypen mit bloßen Händen aus dem Meer, sie rollten große Steine zur Seite, unter denen sich die Polypen normalerweise verstecken. Hatten sie welche gefunden, packten sie sie an den Armen und schlugen sie mit den Köpfen gegen große Felsbrocken.

Mein Vater kaufte ihnen oft welche ab, hocherfreut, so frische Ware zu bekommen. Zusammen mit meiner Mutter setzte er sich ans Meeresufer, be- waffnet mit Scheren und Eimern, um die Polypen direkt im klaren Meereswas- ser zu putzen.

In Anbetracht der Überfischung und der Umweltver- schmutzung dachte ich, es sei heutzutage nicht mehr so leicht, einen Polyp zu fangen. Zu meiner Überraschung erzählte mir mein Bruder nach seiner Rück- kehr vom Capo Vaticano (Kalabrien), wo er mit seiner Familie den Sommerur- laub 1997 verbracht hatte, dass deutsche Kinder einen aus dem Wasser geholt hätten. Er näherte sich den Kindern, denn wie mein Vater damals, dachte auch er an die Frische des Polypen und seine potenziellen Einsatzmöglichkeiten im Kochtopf. Doch die Mutter der Kinder war schneller, handelte wahrscheinlich aus Tier- und Umweltliebe. Sie erklärte den Kindern etwas, das mein Bruder nicht verstand, und warf das Tier wieder ins Wasser. Dort endeten auch die Phantasien meines Bruders von Spaghetti mit einer duftenden Polypensauce oder einem frischen sommerlichen Salat.

Polipo all'insalata
[Tintenfischsalat]

DEN TINTENFISCH UNTER fließendem kaltem Wasser gut waschen. In einem großen Topf reichlich Wasser, Salz und Pfefferkörner zum Kochen bringen. Die Zitronenhälfte in Scheiben schneiden und hineinlegen. Den Tintenfisch ins Wasser geben und bei mittlerer Hitze etwa 20 Minuten (bei größeren Tintenfischen länger) leicht kochen lassen. Mit einem Spieß oder einer Gabel einstechen. Wenn er weich ist, aus dem Wasser heben. Und nicht zu lang kochen, da der Tintenfisch sonst butterweich wird und die Haut sich löst.

FÜR DIE SAUCE DIE GANZE ZITRONE auspressen. Mit dem Olivenöl gut verrühren, salzen. Den Knoblauch schälen und grob hacken. Die Petersilie waschen, die Blättchen ebenfalls hacken. Den Tintenfisch in mundgerechte Stücke schneiden, mit der Sauce mischen und mit Knoblauch und Petersilie bestreuen.

FÜR 4 PERSONEN

400—500 g küchenfertiger Tintenfisch
Salz, 1 TL Pfefferkörner
1 1/2 unbehandelte Zitronen
5—6 EL Olivenöl
2—3 Knoblauchzehen
1/2 Bund Petersilie

TIPP

Wenn Sie zusätzlich gekochte Venusmuscheln und kleine Garnelen nehmen, haben Sie einen Insalata di mare.

Rotolini »fuja fuja«

[Knusprige Teigroulädchen]

Fuì heißt auf Italienisch fuggire und bedeutet davonlaufen. Fuja-fuja nennt man das plötzliche Davonlaufen einer größeren Menschenmenge auf der Straße, wenn etwas Gefährliches passiert, wie ein Erdbeben oder eine Schlägerei.

T I P P

Mit einem Salat als Beilage ist dieses Gericht auch als zweiter Gang geeignet.

ZUBEREITUNGSZEIT: 1 STUNDE
GEHZEIT: 2–3 STUNDEN

DIE HEFE MIT DEM ZUCKER, $^1/_8$ l lauwarmem Wasser und 2 EL Mehl anrühren und etwa 20 Minuten stehen lassen. Restliches Mehl, Salz und Öl dazugeben und alles zu einem glatten Teig verkneten. In einer Schüssel zugedeckt 2–3 Stunden gehen lassen. Den aufgegangenen Teig knapp $^1/_2$ cm dick ausrollen. In Stücke von etwa 7 x 9 cm Größe schneiden.

DIE SARDELLEN abtropfen lassen. Den Mozzarella in kleine Würfel schneiden, die Oliven entkernen. Jedes Teigstück mit Sardellen, 1 Stück Mozzarella, 1 entkernten Olive und 2 oder 3 Kapern belegen. Die Vierecke dann wie kleine Zigarren zusammenrollen.

DAS ÖL in einem großen Topf warm werden lassen. Es ist heiß genug, wenn an einem Holzstiel reichlich Bläschen aufsteigen. Rotolini portionsweise in 3–4 Minuten frittieren. Gut abtropfen lassen. Warm essen.

FÜR 6 PERSONEN

Für den Teig:
10 g frische Hefe
1 Prise Zucker
200 g Mehl + Mehl zum
   Ausrollen
$^1/_4$ TL Salz
4–5 EL Olivenöl
Für den Belag:
200 g eingelegte
   Sardellenfilets
200 g Mozzarella
100 g schwarze Oliven
3 EL Kapern
etwa 1 l Öl zum Frittieren

Panzarotti
[Frittierte Kartoffelkroketten]

Neue Kleider durfte ich mir nie alleine kaufen. Meine Mutter wollte mitentscheiden. schließlich mußte sie ja bezahlen, und sie konnte besser feilschen als ein Kamelverkäufer im arabischen Basar. Schon beim Einsteigen in die Straßenbahn sagte sie: »Mehr als 30 000 Lire dürfen deine Schuhe nicht kosten«.

Unser Einkaufsbummel fing immer am selben Ort an, am Corso Garibaldi gegenüber des Circumvesuviana-Bahnhofs, im »Rettifilo«, einer unendlich langen Straße, die im 19. Jahrhundert den Pariser Boulevards nachgebaut wurde, den Bahnhof mit dem Hafen verbindet und fast nur Bekleidungsgeschäfte beherbergt. Wir liefen auf einer Straßenseite Richtung Hafen und kehrten auf der anderen zurück. 20 Jahre haben wir die gleiche Runde gedreht und dieselben Geschäfte besucht. Kein Wunder also, dass die Verkäufer meine Mutter gut kannten. Schon wenn sie uns kommen sahen, grüßten sie: »Buongiorno, è arrivata la signora terribile« (Guten Tag, da kommt ja die schreckliche Signora).

»Ich und terribile? Sie ärgern mich und nicht umgekehrt«, erwiderte sie lächelnd.

»Aber heute werden wir einig oder nicht«?

»Das hängt ganz allein von Ihnen ab«, gab sie frech zurück.

Voller Scham über meine auffällige Mut-ter, probierte ich Schuhe an, nicht ahnend, dass das Geplänkel in Neapel zum Einkaufsritual gehört. Sobald mir etwas gefiel, war sie nicht einverstanden: zu teuer, zu schlecht verarbeitet, nicht wintertauglich. Die Ware zu bemängeln gehörte zu ihrer Strategie. Prompt ging ihr der Verkäufer in die Falle und versuchte, sie umzustimmen.

»Schlecht verarbeitet? In ganz Neapel finden Sie keine besseren Schuhe.«

»Ach, hören Sie auf, die bekomme ich jederzeit und sogar um die Hälfte billiger.«

»Sagen Sie mir wo, und ich schenke Ihnen die Schuhe.«

Ohne mit der Wimper zu zucken, tischte meine Mutter eine Lüge auf: »In dem Laden soundso rechts vom Vesuviana-Bahnhof.«

»Signora, ich ruiniere mich dabei, aber ich kürze den Preis um 5000 Lire. Mehr kann ich nicht machen.«

»Was«, sagte meine Mutter, »wegen so wenig ruinieren Sie sich?«

»Signora, ich schwöre es Ihnen bei der Madonna von Pompeji, sie soll mich erblinden lassen, wenn ich lüge.«

»Na schön, Silvana, komm, wir gehen«.

»Aber die Schuhe gefallen mir doch.«

»Schweig«, knurrte sie zwischen den Zähnen. Als wir wieder auf der Straße standen, war ich den Tränen nahe. Obwohl ich solche Szenen gewohnt war, dachte ich jedesmal, ich bekomme die Schuhe nicht. Eine halbe Stunde später gingen wir wieder vorbei. Meine Mutter sagte frech: »Wollen Sie mir die Schuhe immer noch nicht verkaufen?«

»Nicht für den Preis, den Sie sich vorstellen.« Dann fing das Spiel von vorne an. Am Ende gab er nach: »Gut, aber ich mache es nicht für Sie, sondern für das Mädchen. Es tut mir Leid, weil es eine Mamma terribile hat.«

Meine Mutter triumphierte. »Siehst du, Dummerchen! Er hat immer noch genug verdient.«

Auf dem Weg zurück zur Straßenbahn gab es noch zwei wichtige Stationen: Die erste bei einem öffentlichen Wasserverkäufer vor der Porta Capuana, wo man für 30 Lire ein natürliches Mineralwasser aus einer kleinen Tonamphore trinken konnte. Die zweite Pause gab es bei der Pizzeria »Add' e Figliole« (Zu den Mädchen). Dort gab es einen Straßenverkauf und man bekam Pizze, Panzarotti und Zeppole in einem Papierstück auf die Hand. Wir kauften Panzarotti und Zeppole und aßen sie später zu Hause, nachdem der verführerische Duft uns und die Mitfahrenden in der Straßenbahn gequält hatte. Wieder versöhnt mit der Welt, wollte ich so schnell wie möglich nach Hause, um zweierlei auszupacken: Die feinen Köstlichkeiten und meine wunderbaren neuen Schuhe.

> **DIE KARTOFFELN WASCHEN** und in wenig Wasser in der Schale weich kochen. Ausdampfen lassen, schälen und durch die Kartoffelpresse drücken.

1 EI TRENNEN. Die abgekühlte Kartoffelmasse mit Butter, Salz, Pfeffer, dem ganzen Ei und dem Eigelb in einer Schüssel gut verrühren. Die Masse in einen Topf umfüllen und auf dem Herd bei schwacher Hitze 3–4 Minuten erwärmen.

DIE KARTOFFELMASSE in einer Schüssel kalt werden lassen. Teigstücke abnehmen und zu Kroketten formen. Die Panzarotti zuerst im Eiweiß, dann in den Semmelbröseln wenden.

DEN BACKOFEN AUF 110° (Umluft 100°) einschalten. In einem großen Topf das Öl erhitzen. Damit sich die Panzarotti nicht mit Öl vollsaugen, muss das Öl wirklich heiß sein. Jeweils 4–5 Panzarotti ins Öl geben und in etwa 2 Minuten goldbraun frittieren. Mit einem Schaumlöffel herausholen, abtropfen lassen und auf Küchenpapier noch mehr abtropfen lassen. Die frittierten Panzarotti im Ofen warm halten. Panzarotti warm servieren.

FÜR 6–8 PERSONEN

1 kg festkochende
  Kartoffeln
2 Eier
50 g Butter
Salz, frisch gemahlener
  schwarzer Pfeffer
100 g Semmelbrösel
etwa 1 l Öl zum Frittieren

13

Ragù napoletano

Dieses Ragù ist in Neapel die Mutter aller Saucen und die Nummer eins unseres Sonntags-menüs. Selbst wenn vorweg eine Vorspeise und danach noch Fisch und Nachtisch serviert werden, bleiben Maccheroni mit Ragù das Wichtigste. Ein Sonntag ohne Ragù ist für Nea-politaner kein Sonntag. Schon samstags schwebte früher der Duft der Sauce durch die Straßen, denn nach dem alten Rezept musste schon am Vortag mit den Vorbereitungen begonnen werden. Die Sauce musste stundenlang köcheln, »pippiare« heißt dies auf Neapolitanisch. Ein lautmalerisches Wort, das das leise Blubbern der Sauce auf kleiner Flamme veran-schaulicht. Das nachstehende Rezept ist eine vereinfachte Version.

ZUBEREITUNGSZEIT: 20 MINUTEN
GARZEIT: 1–2 STUNDEN

> **DAS FLEISCH EVENTUELL** noch etwas kleiner schneiden. Die Zwiebel schä-len und sehr fein schneiden.

> **DAS ÖL IN EINEM TOPF** erhitzen. Fleisch und Zwiebel darin unter Rühren goldbraun anbraten, mit dem Wein ablöschen. Geschälte Tomaten zerdrücken und dazugeben. Salzen und bei schwacher Hitze mindestens 1–2 Stunden köcheln lassen. Der Deckel soll dabei halb aufgelegt sein.

FÜR 4 PERSONEN

200 g Gulaschfleisch vom Rind oder gemischt vom Rind und vom Schwein (vom Schwein am besten Querrippchen oder Haxe)
1 große Zwiebel
8 EL Olivenöl
1/8 l trockener Rotwein
1 kleine Dose geschälte Tomaten (400 g)
Salz

Ragu' alla bolognese

Wie am Namen zu erkennen ist, stammt das Rezept nicht aus Neapel. Es wird jedoch auch bei uns gerne gekocht.

ZUBEREITUNGSZEIT: 20 MINUTEN
GARZEIT: 1–2 STUNDEN

> **DIE TOMATEN** pürieren oder zerdrücken. Die Zwiebel und die Möhre schälen, den Sellerie waschen. Alle drei sehr fein hacken oder fein reiben.

> **DAS ÖL IN EINEM TOPF** warm werden lassen. Die Zwiebel, den Sellerie und die Möhre reinrühren und kurz anbraten. Das Fleisch hinzufügen und wei-terbraten, bis es nicht mehr roh aussieht. Mit dem Wein ablöschen.

> **DIE TOMATEN UND ETWAS SALZ** hineingeben. Die Sauce bei schwacher Hitze etwa 1 Stunde köcheln lassen, bis sie dickflüssig ist. Eine richtig ein-gedickte Sauce erkennt man daran, dass sich die ursprüngliche Menge sichtlich reduziert hat, fester geworden ist und richtig glänzt.

FÜR 4 PERSONEN

2 große Dosen geschälte Tomaten (je 800 g)
1 mittelgroße Zwiebel
1 kleine Möhre
1 Stück Stangensellerie
7 EL Olivenöl
200 g Rinderhackfleisch
1/8 l trockener Rotwein
Salz

JEDES JAHR ZWISCHEN AUGUST UND SEPTEMBER KOCHTEN WIR TOMATEN EIN UND ZWAR SO VIELE, DASS EINE SIEBENKÖPFIGE FAMILIE DAMIT ÜBER DEN GANZEN WINTER KOMMEN KONNTE – EINE UNBESCHREIBLICHE MENGE ALSO. WIE IN EINEM SCIENCE-FICTION-FILM FÜLLTEN SICH RÄUME UND GÄNGE UNHEIMLICH MIT FRÜCHTEN, FLASCHEN UND GLÄSERN. BEVOR ES LOSGING, WURDEN ALLE KÜCHENMÖBEL IN ANDERE ZIMMER ODER SOGAR AUF

den Wohnzimmerbalkon verfrachtet. Dann fuhren wir mit unserem alten FIAT 1100 nach Nola, wo ein ehemaliger Kriegskamerad meines Vaters lebte und als Bauer seine Felder bestellte. Diesen Teil der Aktion liebte ich, denn als Stadtkind die Tomaten selber pflücken zu dürfen, war geradezu ein Abenteuer. So fuhr ich immer gerne mit und half, die Kisten mit den prallen, reifen und schön roten Früchten zu füllen. Irgendwann hatte ich dazu keine Lust mehr und durfte aufhören, also rannte ich mit den Bauernkindern über die Felder zu den Bewässerungskanälen, um in der Abendhitze die Füße einzutauchen und im Matsch zu spielen.

Den zweiten Teil, später daheim, hasste ich. Wir mussten alle mithelfen – sogar die Kleinsten wurden mit eingespannt. Der Einzige, der dem Geschehen fernblieb, war mein Vater. Sein Zuständigkeitsbereich war lediglich die Fahrt nach Nola und zurück, danach war er nur ein flüchtiger Statist auf der Bühne unserer Küche. Er kam zwischen den Schichten seiner Arbeit, schimpfte wegen des Drecks und des Lärms, den wir machten, ging ins Bett, stand wieder auf und ging zur Arbeit, erleichtert darüber, dass er dieser roten Hölle entfliehen konnte.

Das Schönste am Tomateneinmachen war, dass viele Leute zusammenkamen. Zuerst kamen die Nachbarn zu uns, und anschließend gingen wir dann ihnen helfen. Sogar meine Oma kam. Sie klemmte sich die mit Tomatensauce gefüllten Sektflaschen zwischen die Beine und verschnürte mit »tausendjahrealten« Fingerbewegungen und einer ganz bestimmten Technik die eingepfropften Korken auf den Flaschen.

Die älteren Frauen wuschen und schnitten die Tomaten. Junge Männer drehten die Tomaten durch die Tomatenpressen zu Saft, und wir Kinder spülten die Flaschen aus oder füllten die Tomatenstücke in kleine Bier- und Coca-Cola-Flaschen. Da aber bei diesem Vorgang Luftblasen in den Flaschen entstanden, musste man die Flaschen ab und zu an die Tischkante schlagen, auf der für diesen Zweck zusammengeknäulte alte Tücher lagen. Und das immer im

Takt: »Tum-tum, tum-tum.« Tücher wieder zurechtknäulen und noch einmal: »Tum-tum, tum-tum.« Es klang wie ein Tam-Tam im Urwald der riesigen Basilikumsträucher, die überall in der Küche verteilt waren und deren Blätter zusammen mit der Sauce in die Flaschen wanderten. Die Stimmen der Erwachsenen mit ihren Befehlen wurden dann lauter und lauter. Lauter wurde das Kichern der Kinder, lauter das Radio mit den Schlagern jener Zeit und lauter das Weibergeratsche. Laut und schrill war auch der Ruf eines Wanderverkäufers, der auf der Straße – mit einem Korb in der Hand und einem zweiten auf dem Kopf – die Schönheit und die Güte seiner Waren anpries. Es waren Feigen. Meine Mutter schleuderte ein Kommando über unsere Köpfe hinweg und schon rannte

jemand ihren Geldbeutel holen. Sie ließ vom Balkon aus den an einen ewig langen Strick gebundenen Einkaufskorb herunter, verhandelte schreiend noch einige Minuten lang über den Preis und schon waren die Früchte zwischen zwei Scheiben Brot gelandet. Denn dies war unser Mittagessen. Inmitten dieser Tomatenschlacht war zum Kochen wirklich keine Zeit. Am Abend schwammen alle erschöpft und müde in einem Tomatensumpf. Alles war voll von Saft, Spritzern und Kernen. Die Luft roch säuerlich, manche Schnittwunde in der Haut brannte schmerzlich. Obwohl wir wussten, dass dieser Einmachmarathon noch lange nicht zu Ende war – der dauerte nämlich gut und gerne drei Tage – machten wir alles sauber, um am nächsten Morgen neu anfangen zu können.

Es war ein Nahkampf mit den Tomaten und ich hasste es. Gelegentlich verschwand ich mit einem Buch im Badezimmer, um gedanklich in andere ferne Schicksale zu schlüpfen, wo keine Tomaten vorkamen. Natürlich dauerte es nicht lange und mein Name schallte durch die Wohnung. Ich versteckte das Buch und kehrte zurück in die rote Welt!

Pizzette di maccheroni
[NUDELPIZZA]

Diese Pizza ist das neapolitanische Picknickessen schlechthin – auf keinem Ausflug, ob ans Meer oder in die Berge, darf sie fehlen, und auch auf jeder langen Reise ist sie dabei. Aber ich warne Sie: Hinterher sind die Hände ölig, die Schenkel voller kleiner Nudelstückchen, aber Sie sind bestimmt glücklich!

ZUBEREITUNGSZEIT: ETWA 40 MINUTEN

> DIE NUDELN IN KOCHENDEM Salzwasser al dente kochen. Abschrecken und kalt werden lassen. Inzwischen die Eier verquirlen und den Parmesan, Salz und Pfeffer untermischen. Unter die Nudeln rühren.

> DAS ÖL IN EINER GROSSEN Bratpfanne erhitzen. Halten Sie ab und zu einen Holzspieß ins Öl. Wenn Sie sehen, dass das Öl um den Spieß Bläschen bildet, können Sie die Nudelmischung hineingeben. Verteilen Sie sie dabei so, dass eine gleichmäßige Oberfläche gebildet wird. Lassen Sie zuerst eine Seite und dann die andere goldbraun werden – jeweils in etwa 7 Minuten – und schon ist Ihre Pizzetta fertig.

FÜR 4 PERSONEN

400 g Nudeln (am besten Spaghetti oder Maccheroni; auch gekochte vom Vortag mit und ohne Sauce)
2 Eier
50 g frisch geriebener Parmesan
Salz, frisch gemahlener schwarzer Pfeffer
etwa $\frac{1}{4}$ l Olivenöl zum Frittieren

Insalata di pasta napoletana
[NEAPOLITANISCHER NUDELSALAT]

ZUBEREITUNGSZEIT: ETWA 30 MINUTEN
MARINIERZEIT: 1–4 STUNDEN

> DEN KNOBLAUCH SCHÄLEN und halbieren, die Salatschüssel damit einreiben. Was übrig bleibt, durch die Presse in die Schüssel drücken.

> DIE NUDELN IN REICHLICH kochendem Salzwasser al dente kochen, kalt abschrecken, abtropfen und abkühlen lassen. Oliven entkernen, das Salz von den Kapern unter dem kalten Wasserstrahl entfernen, anschließend trockentupfen. Die Kräuter fein hacken. Die Tomaten waschen und würfeln, den Tunfisch zerpflücken.

> ALLE ZUTATEN IN DIE vorbereitete Schüssel füllen und mit Olivenöl mischen. Mit Salz und Pfeffer abschmecken und an einem kühlen, aber nicht kalten Ort (am besten im Keller) 1–4 Stunden durchziehen lassen.

FÜR 4 PERSONEN
1 Knoblauchzehe
250 g dicke Nudeln (z.B. Farfalle, Penne, Ziti)
Salz
100 g schwarze Oliven
100 g grüne Oliven
1 EL in Salz eingelegte Kapern
1 Petersilienzweig
2–3 Basilikumblätter
4–5 Tomaten
200 g Tunfisch in Olivenöl
4–5 EL Olivenöl
frisch gemahlener schwarzer Pfeffer

Pasta e fagioli
[Nudeln mit Bohnen]

Zwischen meinen Eltern herrschte oft eine Atmosphäre wie zwischen Don Camillo und Peppone, denn mein Vater war Kommunist und meine Mutter stammte aus einer sehr katholischen Familie.

Damit sie das aufwändige Sonntagsmenü vorbereiten konnte, ging sie schon um 7 Uhr in die allererste Messe, während er im Bett liegen blieb und Nachrichten in seinem kleinen Radio hörte, das er immer auf seinem Nachtkästchen hatte. Er schaute ihr zu, wie sie sich fertig machte und – je nach Laune – verspottete oder beschimpfte er sie, wegen ihres regelmäßigen Kirchgangs am Sonntag und vor allem wegen der Lügen, die ihr der Priester auftischen würde. Trotzdem fuhr er uns ab und zu nach Madonna dell'Arco (Wallfahrtsort an den Abhängen des Monte Somma), vielleicht aus Furcht, es könnte doch einen Gott oder eine Hölle geben, oder einfach nur aus Freude über den Ausflug mit der ganzen Familie. Einmal allerdings – er glaubte sich unbeobachtet – sah ich ihn weinen, als ein Mönch durch sein Spiel auf der Orgel der Kirche die Herzen der Menschen zum Vibrieren brachte.

Wie alle guten Muslime einmal im Jahr nach Mekka fahren, wollte meine Mutter als gute Katholikin einmal in ihrem Leben nach Lourdes. Irgendwann kurz vor ihrem Tod, gab mein Vater nach, und sie buchten eine von der Kirche organisierte Bahnreise. Aber in diesem Vorhaben steckte von Anfang an der Wurm drin: In Ventimiglia streikten die französischen Eisenbahner, und sie mussten die Reise mit einem Bus fortsetzen, dessen Sitze, wie meine Eltern später erzählten, furchtbar eng und unbequem waren. Und als sie endlich ans Ziel kamen, machte mein Vater die ganze Woche wegen des schlechten Essens Terror. Dazu muss man bedenken, dass es nicht nur ihre erste Reise ins Ausland war, sondern dass mein Vater auch aus einer Bauernfamilie stammt. Und bekanntlich isst der Bauer nichts, was er nicht kennt!

Die ganze Woche über soll er, während sie betete oder es zumindest versuchte, nur so geflucht und sämtliche Heilige und Madonnen angerufen haben. Jeden Tag versuchte sie, geistige Ruhe zu finden, während er die Franzosen beschimpfte, die »das Essen in Aschenbechern servieren« und »mit aufwändigen Dekorationen so viel Zeit verschwenden, anstatt eine gute, bodenständige Pasta e fagioli zu machen.«

Von dieser Reise kam meine Mutter, wie man sich vorstellen kann, fix und fertig und erholungsbedürftig zurück. Er hingegen war überglücklich und das Erste, was er sich am nächsten Tag wünschte, war natürlich Pasta e fagioli.

ZUBEREITUNGSZEIT: ETWA 20 MINUTEN
QUELLZEIT: ÜBER NACHT
GARZEIT: ETWA 1 $^1/_2$ STUNDEN

DIE BOHNEN ÜBER NACHT in kaltem Wasser einweichen. Am nächsten Morgen abgießen und mit viel frischem Wasser zum Kochen bringen. Die Bohnen dann zugedeckt bei mittlerer bis schwacher Hitze leise köcheln lassen, bis sie noch Biss haben (nicht zu weich werden lassen!). Ein Drittel der Bohnen abnehmen und fein pürieren.

DIE KNOBLAUCHZEHE SCHÄLEN und ganz lassen. Den Sellerie waschen, putzen und auch ganz lassen. Das Öl in einem großen Topf warm werden lassen. Den Knoblauch darin andünsten. Die Tomatensauce und den Sellerie unterrühren und alles bei schwacher Hitze etwa 5 Minuten lang ziehen lassen. Die Bohnen mit der Garflüssigkeit und das Bohnenpüree hinzufügen. Nochmal kräftig aufkochen lassen. Die Nudeln in die Suppe geben und darin bissfest garen. Mit Salz und Pfeffer abschmecken. Diese Suppe muss gebunden aussehen: Nudeln und Bohnen dürfen nicht in viel Flüssigkeit schwimmen, zumindest nicht in dieser neapolitanischen Version. Man sagt, sie muss »'ncravattata« aussehen, d. h. verknotet wie eine Krawatte.

FÜR 4 PERSONEN

250 g trockene weiße oder
  rote Bohnen
1 Knoblauchzehe
1 Stange Sellerie
7 EL Olivenöl
1–2 EL Tomatensauce
  (pürierte geschälte
  Tomaten oder Tomatenmark
  mit Wasser)
250 g kleine Nudeln
  (Tubetti oder Pasta
  mista, siehe Tipp S. 20)
Salz, schwarzer Pfeffer

21

Spaghetti con le vongole
[SPAGHETTI MIT VENUSMUSCHELN]

ZUBEREITUNGSZEIT: ETWA 30 MINUTEN

DIE MUSCHELN WASCHEN, geöffnete wegwerfen. In einer Pfanne die Muscheln mit 1 Zweig Petersilie zugedeckt einige Minuten erhitzen, bis sie sich öffnen. Ungeöffnete entfernen. Muscheln zudecken und noch einige Minuten köcheln lassen. Die Flüssigkeit in der Pfanne durch ein feines Sieb gießen. Einige Muscheln in den Schalen lassen, die übrigen herauslösen.

DEN KNOBLAUCH SCHÄLEN und ganz lassen. Tomaten in Stücke schneiden. Knoblauch im Olivenöl goldbraun braten, herausnehmen. Die Tomaten und 1 Zweig Petersilie hinzufügen und etwa 10 Minuten köcheln lassen. Den Muschelfond hinzugießen und bei starker Hitze einkochen lassen. Die Muscheln hinzufügen. Die restliche Petersilie fein hacken.

INZWISCHEN NUDELN in Salzwasser al dente kochen, abgießen und mit den Muscheln mischen. Mit Petersilie und Muscheln in der Schale dekorieren.

FÜR 4 PERSONEN

600 g Venusmuscheln
1 Bund Petersilie
1 Knoblauchzehe
4–5 Kirschtomaten oder
  1 große Tomate oder
  $^1/_2$ kleine Dose
  geschälte Tomaten
4 EL Olivenöl
400 g Spaghetti, Linguine
  oder Vermicelli, Salz

Zuppa di stocco e patate
[STOCKFISCH-KARTOFFEL-SUPPE]

ZEIT ZUM WÄSSERN: 2–3 TAGE
ZUBEREITUNGSZEIT: ETWA 45 MINUTEN

DEN STOCKFISCH 4 cm groß würfeln und 2–3 Tage in einer Schüssel mit Wasser einweichen, das Wasser täglich mehrmals wechseln. Stockfisch häuten, Gräten abschneiden. Kartoffeln schälen und klein würfeln.

DEN KNOBLAUCH SCHÄLEN und im Öl andünsten, herausnehmen. Tomaten zerdrücken und mit Kräutern dazugeben. Etwa 10 Minuten köcheln lassen, Kartoffeln und Fischfond zufügen, zugedeckt 5–7 Minuten köcheln lassen. Den Fisch hinzufügen und weitergaren, bis Fisch und Kartoffeln gegart, aber nicht zerfallen sind. Eventuell Wasser nachgießen: Die Zutaten müssen immer knapp bedeckt sein.

ERST GEGEN ENDE der Garzeit salzen und pfeffern, denn der Stockfisch kann trotz Einweichen salzig genug sein. Um die Suppe zu binden, einige Kartoffeln herausfischen, zerdrücken und wieder untermischen.

FÜR 4 PERSONEN

350 g luftgetrockneter
  Stockfisch
4 mittelgroße Kartoffeln
1 Knoblauchzehe
7 EL Olivenöl
1 kleine Dose geschälte
  Tomaten (400 g) oder
  4–5 große frische reife
  Tomaten
je einige Zweige Basilikum und Petersilie
$^3/_8$ l Fischfond oder Wasser
Salz, frisch gemahlener
  schwarzer Pfeffer

Rezepte
mit *davongelaufenen* Zutaten

»Als ich dort eintraf, standen schon viele andere an. Aber ich ließ mich nicht entmutigen, denn wir hatten seit Tagen kein Brot bekommen. Ich mußte einfach eines mit nach Hause bringen, selbst wenn es aus dem schrecklichen Erbsenmehl gebacken war. Stundenlang hatte ich gewartet und war schon fast am Ziel, als Fliegeralarm ertönte. Aus der geordneten Schlange wurde ganz plötzlich ein Haufen verrückter Ameisen, die in alle Richtungen flohen. Beim Rennen spürte ich die Wut hochsteigen. Tränen kullerten mir über die Wangen, nicht aus Angst, sondern aus Ärger.«

Solche Geschichten über ihre Jugend im Krieg erzählten meine Eltern oft. Ich jedoch bin 1959 auf die Welt gekommen, also ein Kind des Wirtschaftswunders, das nie Hunger leiden mußte. Meine Eltern aber erzählten viel aus ihrer eigenen Jugendzeit während des Krieges, wo es grundsätzlich wenig zu essen gab.

Und auch später – obwohl sich das Wirtschaftswunder in den 60er-Jahren in einem Kühlschrank, einer Waschmaschine und später in einem gebrauchten Fiat 1100 zeigte, gab es bei uns nie ein fettes Bankkonto. So pflegten wir einen bescheidenen Lebensstil und meine Mutter kochte oft solche »Notstandsgerichte« mit davongelaufenen Zutaten, besonders am Monatsende,

wenn das Geld für unsere siebenköpfige Familie langsam knapp wurde.

Die meisten dieser Gerichte sind im Zweiten Weltkrieg entstanden oder während anderer magerer Zeiten, etwa als die Neapolitaner mehr schlecht als recht unter fremden Herrschern lebten. Obwohl sie in solchen schweren Zeiten gezwungen waren, nur mit dem Allernötigsten zu leben, ließen sie sich ihre Fantasie und ihren Humor, vor allem ihre Fähigkeit, über sich selbst zu lachen, nie nehmen. Fantasievolle Namen wie »Spaghetti mit davongelaufenen Muscheln« oder »Gnocchi des Bombenangriffs« dienten dazu, die schrecklichen Umstände oder die Lebensmittelknappheit besser zu ertragen, aber auch als Selbsttäuschung: Man konnte die Augen beim Essen schließen und sich die Muscheln, das Lamm, den Stockfisch vorstellen. Diese Lebensart der Neapolitaner wird auch als »l'arte dell'arrangiarsi« (die Kunst, sich zu arrangieren) bezeichnet und von vielen Besuchern und Touristen aus dem Norden bewundert. Sicherlich ist diese Art meiner Landsleute einerseits sehr bewundernswert, auf der anderen jedoch haben die Menschen dort durch die Einstellung, sich mit allem abzufinden, auch die Resignation gelernt. Sie haben sich selber in die Opferrolle gedrängt und nie versucht, die Umstände zu verändern.

> **Für Zuppa di patate con stocco scappato** (Kartoffelsuppe mit davongelaufenem Stockfisch) 4 mittelgroße Kartoffeln schälen und klein würfeln. 1 zerdrückte Knoblauchzehe in Olivenöl andünsten. 1 kleine Dose geschälte Tomaten zerdrücken und mit Basilikum und Petersilie dazugeben. Kartoffeln untermischen und alles zugedeckt schmoren, bis die Kartoffeln weich sind. Eventuell muss noch etwas Wasser dran. Salzen und pfeffern.

Für Spaghetti con le vongole scappate (Spaghetti mit davongelaufenen Muscheln) 1 zerdrückte Knoblauchzehe in Olivenöl andünsten. 6 – 7 reife klein geschnittene Tomaten und 1 Zweig Petersilie einrühren und einköcheln lassen. Nudeln kochen, Petersilie aus der Sauce fischen, Nudeln abgießen und mit der Sauce mischen.

Für Gnocchi del bombardamento (Gnocchi des Bombenangriffs) werden festkochende Kartoffeln geschält und in Würfeln gekocht. Dazu gibt es eine Sauce aus 6 – 7 reifen Tomaten, 1 zerdrückten Knoblauchzehe und 1 Bund fein gehackter Petersilie, alles in Olivenöl geschmort. Kartoffeln damit mischen und mit frisch geriebenem Parmesan oder Pecorino bestreuen.

Gnocchi

Gnocchi durften bei uns am Sonntag bis 13 Uhr Bettruhe auf dem Ehebett meiner Eltern halten, während meine Mutter, meine zwei Schwestern und ich schon ab 9 Uhr in der Küche gewerkelt hatten. Mit ihren schaufelähnlichen Händen knetete meine Mutter den Teig, rollte fingerdicke Stäbe aus und schnitt weiße Teigkügelchen ab, die wie Hagel zur Seite rollten. Meine zwei Schwestern drehten diese mit Zeige- und Mittelfinger zu Gnocchi, und ich, das Nesthäkchen, hatte die Aufgabe, die Gnocchi »ins Bett zu bringen.« Normalerweise legt man sie zum Trocknen auf einen mit einer Tischdecke bedeckten Tisch. Aber wohin mit dieser Unmenge in unserer Dreizimmerwohnung? Also wurde eine große Tischdecke auf dem Bett ausgebreitet, und ich rannte mit immer neuen Ladungen Gnocchi auf einem Teller zwischen Küche und Schlafzimmer hin und her. Von Zeit zu Zeit kam meine Mutter und warf einen Blick auf meine Arbeit, denn Gnocchi müssen so verteilt werden, dass sie nicht aneinander kleben. Erst um 13 Uhr wurde die Tischdecke an allen vier Ecken gepackt und in die Küche transportiert. Wie Perlen fielen die Gnocchi in einen riesigen Kochtopf, um sieben schmatzenden Mündern den Sonntagsgenuss zu bereiten.

ZUBEREITUNGSZEIT: ETWA 1 STUNDE
RUHEZEIT: 1–2 STUNDEN

- **DIE KARTOFFELN WASCHEN** und in wenig Wasser mit der Schale weich kochen. Kurz ausdämpfen lassen, aber noch warm schälen und mit der Kartoffelpresse zerdrücken. Etwas abkühlen lassen.

- **DIE KARTOFFELN MIT DEM MEHL,** dem Ei und 1 kräftigen Prise Salz zu einem Teig kneten. Der Teig ist fertig, wenn er auf Fingerdruck elastisch nachgibt und nicht mehr an den Händen klebt.

- **EIN STÜCK TEIG ABNEHMEN** und auf einem bemehlten Nudelbrett lange fingerdicke Stäbe daraus formen. Davon 2–3 cm lange Stücke abschneiden und mit den Fingern auf dem Brett rollen, um ihnen die typische Muschelform zu geben.

- **DIE GNOCCHI NACH** und nach auf ein sauberes Leinentuch legen. Wenn alle Gnocchi geformt sind, 1–2 Stunden an der Luft liegen lassen. Inzwischen die Sauce vorbereiten, etwa Ragù napoletano.

- **NACH DER RUHEZEIT** Salzwasser in einem großen Topf zum Kochen bringen, Gnocchi je nach Menge entweder alle oder portionsweise kochen. Sobald sie an der Oberfläche schwimmen, mit einer Schaumkelle aus dem Wasser nehmen und warm stellen. Gnocchi mit Ihrer Lieblingssauce anrichten und mit geriebenem Parmesan servieren.

FÜR 4 PERSONEN

1,2 kg mehligkochende
  Kartoffeln
600–700 g Mehl
1 Ei
Salz

TIPP

Wenn Gnocchi übrig bleiben, mit Ragù, Mozzarella und Parmesan in eine Form schichten und überbacken.

27

Ravioli con noci e gorgonzola
[Ravioli mit Walnuss-Gorgonzola-Füllung]

Bei den Ravioli handelt es sich ausnahmsweise nicht um ein typisch neapolitanisches Rezept. Ich habe es vielmehr für einen meiner Kochkurse selbst erfunden, weil ich dachte, dass sich der cremige Gorgonzola mit seinem nussigen Geschmack gut mit dem Aroma der Walnüsse verbinden würde. Es kam bei den Köchinnen und Köchen so gut an, dass ich es in dieses Buch aufgenommen habe. Und bei uns zu Hause ist es ohnehin fast ein Familienrezept geworden!

ZUBEREITUNGSZEIT: ETWA 1 $^1/_2$ STUNDEN

FÜR DEN TEIG das Mehl mit den Eiern und dem Salz vermischen und so lange kneten, bis ein glatter, geschmeidiger Teig entstanden ist. Den Teig zu einer Kugel formen und zugedeckt etwa 30 Minuten bei Zimmertemperatur ruhen lassen.

FÜR DIE FÜLLUNG den Gorgonzola in Würfel schneiden und mit der Milch oder dem Wasser in eine kleine Schüssel geben. In einem etwas größeren Topf Wasser warm machen. Die Schüssel hineinhängen und den Käse in diesem Wasserbad erwärmen, bis er weich ist. Aus dem Wasserbad nehmen und mit einer Gabel zu einer glatten Creme verrühren. Die Walnusskerne fein hacken und mit dem Parmesan unter die Käsemasse mischen. Die Füllung mit wenig Salz (der Käse ist schon salzig), Pfeffer und Muskat abschmecken.

DEN TEIG AUF WENIG MEHL oder in der Nudelmaschine dünn ausrollen, mit einem Ausstecher oder einem Glas runde Teigstücke ausstechen. Jeweils etwas Füllung auf ein Teigstück geben und mit einem zweiten Teigstück abdecken. Die Ränder mit den Zinken einer Gabel gut zusammendrücken.

IN EINEM GROSSEN TOPF viel Wasser mit Salz und einem Schuss Olivenöl zum Kochen bringen. Die Ravioli hineinlegen und ungefähr 3 Minuten kochen lassen.

INZWISCHEN DIE BUTTER zerlassen, die Salbeiblättchen abzupfen und in die Butter legen.

DIE RAVIOLI ABTROPFEN LASSEN und auf Tellern verteilen. Etwas Salbeibutter drüber geben und mit Parmesan bestreuen.

FÜR 4 PERSONEN

Für den Teig:
400 g Mehl
5 Eier
1 TL Salz
Für die Füllung:
350 g Gorgonzola
1 EL Milch oder Wasser
2–3 EL Walnusskerne
1 EL frisch geriebener
 Parmesan
Salz, frisch gemahlener
 Pfeffer
1 Prise gemahlene
 Muskatnuss
Für die Sauce:
100 g Butter
1 Zweig frischer Salbei
100 g frisch geriebener
 Parmesan
Zum Kochen:
Salz, 1 Schuss Olivenöl

Secondi

IN DIE **TRATTORIA**
»LA CAMPAGNOLA« GING
MAN WÄHREND MEINER
STUDENTENZEIT
NICHT, UM GEMÜTLICH,
SONDERN UM PREISWERT
GUTE HAUSMANNSKOST ZU
ESSEN. URSPRÜNGLICH WAR
ES EIN »**VINI E
CUCINA**«, ALSO EIN
LADEN, WO MAN WEIN UND
ÖL VOM FASS KAUFEN
KONNTE UND DER MITTAGS

EINIGE WARME GERICHTE ANBOT. DIE PAPIERGE-DECKTEN TISCHE STANDEN **UNTER WEINFÄS-SERN** UND REGALEN. ALLES WAR EINFACH: DIE BESTUHLUNG, DAS BE-STECK, DIE PAPIERSER-VIETTEN UND DIE MEN-SCHEN. DORT TRAF MAN **STUDENTEN** UND **DO-ZENTEN** AUS DER NAHE LIEGENDEN UNIVERSITÄT, ABER AUCH **HAND-WERKER** IN IHRER MIT-TAGSPAUSE ODER SOGAR PENNER, DIE SICH NACH EINER BETTELRUNDE **EINE WARME MAHLZEIT**

leisten konnten. Die Penner wurden von allen geduldet, vom Wirt, der ihnen Einlass gewährte sowie von den Gästen, die ihnen oft sogar Almosen gaben.

Sich ruhig zu unterhalten und in Ruhe zu essen, war immer unmöglich. Ab zwei Uhr waren alle Tische belegt und draußen standen die Leute Schlange. Die Wirtsfamilie war ebenso am Dampfen wie die Töpfe der Signora in der Kochecke. Denn dort gab es keine richtige Küche, sondern nur eine Ecke, die als Küche umfunktioniert war. So konnte man vom Tisch aus die kleine dicke Signora und ihre noch dickere Küchenhilfe beim Kochen beobachten. Am schönsten war es dort, wenn es draußen regnete und man drinnen einen Platz gefunden hatte. Der kleine flotte Don Giovanni, der Padrone und Ehemann der besagten dicken kleinen Signora, streute, auf das Gewitter schimpfend, Sägemehl auf den Boden, da die Gäste mit nassen Schuhen und tropfenden Regenschirmen hereinkamen. Während draußen das Gewitter tobte, tobten drinnen die Wirtsleute: Einige Bestellungen gingen schief, Teller wurden schreiend und wütend auf den Tresen der Kochecke zurückgeknallt, und manche Gäste bekamen Sachen, die sie gar nicht bestellt hatten. Weil rundherum alles schrie, musste man selbst noch mehr schreien, um sich unterhalten zu können. Inmitten dieser Szene, die mit Sicherheit einen Hieronymus Bosch zum Malen animiert hätte, tauchte plötzlich ein Blinder auf. Mit seinen verdrehten starren Augen stellte er sich mitten in den Raum und fing an, ein altes neapolitanischen Lied zu singen. Komplett falsch. Plötzlich wurden alle leiser und schauten verlegen auf ihre Teller oder führten die Diskussionen mit ihren Tischnachbarn in gedämpftemTon weiter. Als der Blinde sein klägliches Singen beendet hatte, ging er um die Tische herum, und sagte im Voraus »grazie.« Sogar dann, wenn er nichts bekam. Die meisten jedoch gaben ihm etwas. Zwei Minuten nach seinem Verschwinden löste sich die Beklemmung, und jeder war laut wie zuvor.

Bis plötzlich ein junger Mann mit einer vollen Sporttasche in der einen und einigen Spülschwämmen in der anderen Hand eintrat. »Schwämme, Feuerzeuge, Tempotaschentücher … bitte kaufen Sie mir etwas ab, ich bin

arbeitslos.« Und ein ähnliches Spiel wie zuvor mit dem Blinden ging vor sich. Die chaotische Stimmung und die ständige Konfrontation mit der Armut beim Mittagessen hat mich nie gestört, und so müssen es auch die anderen Leute empfunden haben, denn man begegnete in der Trattoria immer denselben Leuten. Hauptsache, man konnte gut, preiswert und wie bei Mamma essen. Den Rest nahm man in Kauf, weil es zum Leben in dieser Stadt gehörte und zum großen Teil immer noch gehört. Ob man einkauft oder spazieren geht, das Elend und die gravierenden Probleme hat man ständig vor Augen.

Wenn ich heute in Neapel zu Besuch bin, gehe ich immer noch in die »Campagnola« zum Mittagessen. In Neapel hat sich mittlerweile einiges ins Postive ge-

wendet, in der »Campagnola« auch: Die Tischdecken sind inzwischen aus Plastik, es gibt eine neue Bestuhlung und eine wunderbare moderne Toilette für Mädchen und Männlein (früher gab es nur ein Klo in einer Abstellkammer, das von allen benutzt werden musste), und Don Giovanni, der inzwischen älter geworden ist, hat sich etwas Tolles einfallen lassen, damit bei den Bestellungen alles klappt. Ab 13.00 Uhr wird das Tagesmenü auf einer Tafel von seiner Tochter Marianna mit Kreide aufgeschrieben, dann werden unter den Gästen kleine Schreibblocks und Kulis verteilt und jeder muss seine eigene Bestellung aufschreiben. Don Giovanni kommt dann vorbei, verteilt Körbchen mit Brot, sammelt die Blocks ein und gibt sie seiner Frau am Herd.

Trotz fortgeschrittenen Alters erkennt man immer noch bekannte Gesichter aus dem Viertel, und die Bettler ziehen immer noch ihre Show ab. Vor zwei Jahren, als ich im La Campagnola aß, tauchte plötzlich ein Bettler auf. Don Giovanni fragte, eigentlich mehr so vor sich hin, wer ihn hereingelassen hätte. Der alte Mann drehte sich um, schaute ihn mit ernster Miene an und sagte im Ton eines Schauspielers auf einer Bühne: »Io, vengo dall'altro mondo« (Ich komme aus einer anderen Welt).

Agnello o capretto cacio e uova

[Lamm oder Zicklein mit Eiern und Käse]

Das saftige und würzige Lammgericht – mit den ersten frischen grünen Erbsen des Frühlings gekocht – ist ein typisches Ostergericht, das in vielen neapolitanischen Familien traditonell jedes Jahr wieder gerne gekocht wird.

Bei diesem Lammgericht werden zwei wichtige Ostersymbole auf einem Teller vereint – das Lamm und das Ei.
Hasen hingegen spielen an Ostern in ganz Italien überhaupt keine Rolle.

ZUBEREITUNGSZEIT: ETWA 30 MINUTEN
GARZEIT: ETWA 1 STUNDE 10 MINUTEN

DAS LAMMFLEISCH WASCHEN, trockentupfen und in mundgerechte Stücke schneiden. Die Zwiebel schälen und sehr fein hacken.

IN EINEM GROSSEN TOPF die Hälfte vom Öl erhitzen, die Zwiebel darin andünsten. Restliches Öl angießen, das Lamm dazugeben und so lange braten, bis es rundherum gebräunt ist.

DAS FLEISCH SALZEN und pfeffern, die Hitze reduzieren und das Fleisch zugedeckt etwa 1 Stunde garen. Dabei immer wieder durchrühren und eventuell etwas Wasser darüberspritzen.

DIE FRISCHEN ERBSEN aus den Schoten lösen und in kochendem Salzwasser 5 Minuten kochen, dann abtropfen lassen. Erbsen zum Lamm geben (die tiefgefrorenen ohne Vorkochen) und alles nochmal etwa 5 Minuten schmoren.

DIE EIER MIT DEM KÄSE verrühren, vorsichtig salzen und pfeffern. In den Topf geben und mit einem hölzernen Kochlöffel kurz und kräftig durchrühren. Den Zitronensaft dazugeben und noch einmal kurz aufkochen, damit der Zitronensaft verdampft.

FÜR 6 PERSONEN

1,5 kg nicht zu fettes
   Lammfleisch
1 mittelgroße Zwiebel
10 EL Olivenöl
Salz, frisch gemahlener
   schwarzer Pfeffer
1 kg frische Erbsen in
   den Schoten oder etwa
   400 g tiefgefrorene
4 Eier
70 g frisch geriebener
   Parmesan
Saft von 1 Zitrone

35

Uova in purgatorio
[Eier im Fegefeuer]

In der Nachkriegszeit war mein Vater Lkw-Fahrer. Die Maschine, die er fuhr, war eines dieser Modelle, das als Anlasser eine Kurbel vorne hatte. Mit diesem ratternden Dinosaurier durchkreuzte er ganz Italien in seiner vollen Länge und Breite, kroch Bergpässe rauf und runter. Ohne Klimaanlage zerging er in der sommerlichen Mittagshitze und im Winter bekam er kalte Füße. Da sich die Welt damals noch langsam drehte, und man ohne Telefonzellen, Telefonkarten und Handys in Reichweite lebte, bekam meine Mutter oft vier, fünf Tage lang keine Nachricht von ihm und wartete zu Hause geduldig mit ihren vier Kindern (damals gab es mich noch nicht) auf ihn.

Auf einer dieser Fahrten bekamen er und sein Beifahrer gegen Abend Appetit. Leider war damals nicht nur das Wort Handy, sondern auch das Wort Tourismus ein Fremdwort, und es war nicht selbstverständlich, dass man überall ein Restaurant fand.

So machte er sich mit seinem Copiloten auf die Suche nach einem Gasthaus. Als sie endlich in der Ferne eine Trattoria sahen, jubelten sie. Aber leider sagte ihnen eine freundliche Dame, es wäre geschlossen. Die zwei hungrigen Männer ließen jedoch nicht locker, denn sie wussten, wie schwierig es werden würde, woanders noch etwas Essbares zu bekommen. So fragte mein Vater, ob sie zumindest nicht ein paar »uova 'mpriatorio« machen könnte. Die Frau schaute ihn verdutzt an, da sie der neapolitanischen Sprache nicht mächtig war, und fragte, was dies sein sollte. Als mein Vater mit seiner Erklärung loslegen wollte, unterbrach sie ihn und sagte: »Naja, Eier haben wir in der Küche, wenn Sie sich das allein kochen wollen, steht Ihnen die Küche zur Verfügung.« Unter ihren neugierigen Augen zauberte mein Vater auf die Schnelle dieses einfache, aber köstliche Gericht. Als er Monate später wieder an dieser Trattoria vorbei fuhr, bemerkte er draußen ein Schild, auf ihm stand mit Kreide geschrieben: »Wir machen uova 'mpriatorio alla napoletana.«

Übrigens sollen die rote Farbe der Tomaten und die Schärfe der Chilischote an das Fegefeuer erinnern. Wenn man durch die Gassen der Altstadt läuft, sieht man sehr oft in den Wänden verglaste Nischen, in denen Heilige oder Madonnen stehen. Zu ihren Füßen ist fast immer eine Darstellung des Fegefeuers, die aus einer Dreiergruppe von kleineren Statuetten besteht – einem Mann, einer Frau und einem Priester, denn schließlich sind wir alle Sünder. Um diese Nischen kümmern sich ältere Frauen, die täglich die Frische der Blumen überprüfen. Hat eine von ihnen dieses einfache Rezept entwickelt?

DIE ZWIEBELN SCHÄLEN und in feine Scheiben schneiden. Die Tomaten mit dem Saft im Mixer pürieren. Das Öl in einer großen Pfanne erhitzen, die Zwiebeln darin bei mittlerer Hitze andünsten, aber nicht bräunen, sondern nur weich werden lassen. Tomaten mit Salz, den Basilikumblättern und der unzerkleinerten Chilischote zu den Zwiebeln geben. Die Tomatensauce bei schwacher Hitze etwa 10 Minuten köcheln lassen.

DIE EIER ZUERST IN EINER TASSE aufschlagen und dann einzeln und möglichst ohne sie kaputt zu machen in die kochende Sauce gleiten lassen. Alles zugedeckt bei schwacher Hitze noch etwa 30 Minuten köcheln lassen. Nicht umrühren!

DAS GERICHT IST FERTIG, wenn die Eier ganz weiß und fest geworden sind. Man isst sie mit frischem Brot oder gibt zuerst geröstete Brotscheiben in die Teller und legt die Eier mit der Sauce darauf. Die Eier eventuell vor dem Servieren mit Basilikum garnieren.

FÜR 4 PERSONEN

4 große Zwiebeln
1 kleine Dose geschälte Tomaten (400 g) oder 400 g frisch gehäutete, sehr reife Tomaten
7 EL Olivenöl
Salz
4 große Basilikumblätter
1 getrocknete rote Chilischote
8 Eier
eventuell Basilikum zum Garnieren

37

Melanzane marito e moglie

[Auberginen »Mann und Frau«]

Der neapolitanische Dialekt weist eine Fülle von bildhaften Ausdrücken auf, denn die Phantasie der Menschen in Neapel ist schier grenzenlos.

Der Name dieses Gerichtes ist ein gutes Beispiel dafür: Wie ein Sandwich werden zwei Auberginenscheiben mit Mozzarella und Schinken belegt und gefüllt, paniert und anschließend in heißem Öl goldgelb frittiert. Sobald der Käse durch die Hitze des Öls schmilzt, kleben die beiden Auberginenscheiben fest aneinander, ganz wie ein Liebespaar.

ZUBEREITUNGSZEIT: ETWA 50 MINUTEN
RUHEZEIT: ETWA 1 STUNDE

DIE AUBERGINE SCHÄLEN, dann der Länge nach in $^1/_2$ cm dicke Scheiben schneiden. Salzen, aufeinander stapeln und beschweren (z. B. mit einem mit Wasser gefüllten Einmachglas). Etwa 1 Stunde stehen lassen.

DIE EIER MIT DEM PARMESAN, Salz und Pfeffer verquirlen und in einen Teller füllen. Die Semmelbrösel in einen anderen Teller füllen. Den Mozzarella abtropfen lassen und in knapp $^1/_2$ cm dicke Scheiben schneiden. Den Schinken in Stücke schneiden, die etwas kleiner sind als die Aubergine.

DIE AUBERGINENSCHEIBEN KALT abspülen und mit den Händen die Flüssigkeit auspressen. 1 Scheibe mit Schinken und Mozzarella belegen, eine zweite Scheibe darüberdecken und an den Rändern andrücken. Wenn alle Scheiben gefüllt sind, zuerst im Ei, dann in den Semmelbröseln wenden.

DAS ÖL IN EINEM WEITEN TOPF erhitzen. Die Auberginenscheiben hineinlegen (wenn sie nicht zusammenhalten, ganz vorsichtig, sobald der Käse schmilzt, halten sie dann doch) portionsweise 3 – 4 Minuten frittieren, mit einem Schaumlöffel rausholen und gut abtropfen lassen. Warm mit Zitronenachteln garniert servieren.

FÜR 4 PERSONEN

1 große Aubergine
Salz
2 Eier
50 g frisch geriebener
  Parmesan
frisch gemahlener
  schwarzer Pfeffer
etwa 100 g Semmelbrösel
1 Beutel Mozzarella
  (125 g)
100 g gekochter Schinken
  in dünnen Scheiben
etwa 1 l Olivenöl zum
  Frittieren
Zitronenachtel zum
  Servieren

TIPP

Mit Salat, z. B. einem Broccolisalat, sind die Auberginen ein einfaches, aber köstliches Abendessen.

Pollo al forno con patate
[Brathähnchen mit Kartoffeln]

Meine Eltern stammten beide aus Bauernfamilien und behielten ihre Traditionen bei, obwohl sie selber keine Bauern mehr waren und inzwischen mit ihren fünf Kindern in einer kleinen Stadtwohnung wohnten. So kaufte man zum Beispiel eine Woche vor Weihnachten für unsere neapolitanische Weihnachtssuppe nicht irgendein Suppenhuhn im Laden.

Meine Eltern fuhren immer aufs Land kurz außerhalb Neapels, um das Suppenhuhn zu besorgen. Ein lebendes, selbstverständlich! Als wir beim Bauern waren, entschied meine Mutter, welches Huhn geeignet sei, seinen Geist für unsere Weihnachtssuppe aufzugeben. Sie prüfte die Hühner mit erfahrenen und kritischen Augen, betatschte sie und sagte dann. »Das hier.« Nach einigen gackernden Versuchen, wieder in die Freiheit zu gelangen, packte der Bauer das Federvieh an den Klauen, band sie ihm mit einer Kordel zusammen und legte es in unseren Kofferraum.

Zuhause angekommen, stellte mein Vater eine Holzkiste auf den Balkon, legte sie mit alten Decken aus, stellte ein Gefäß mit Wasser und eins mit Futter daneben und ließ unser Huhn frei herumlaufen.

Obwohl es allein auf dem Balkon war, genoss es eine gewisse Gesellschaft. Denn wir waren nicht die Einzigen, die ein lebendes Huhn gekauft hatten. Wenn man in der Früh zum Fenster ging, um die prickelnd frische Dezemberluft einzuatmen, hörte man von dieser oder jener Ecke »Kikeriki« oder »Kokoko«. Es war wie ein kabelloses Hühnertelefon von Ecke zu Ecke, von Balkon zu Balkon.

Wenn es dazu in der Luft auch noch nach Mandarinen roch, wusste ich, dass es weihnachtete.

Gleich nach dem Aufstehen schaute ich nach, ob das Huhn ein Ei in die Kiste gelegt hatte. Meist wurde ich nicht enttäuscht, meine Mutter verquirlte es mit Zucker und wir bekamen es zum Frühstück.

Gefüttert wurde das Huhn mit all unseren Essensresten: Alles was übrig blieb, außer Fleisch, bekam es. Nach einer Woche war es dann so weit. Meine Mutter suchte sich unter uns einen Helfer, wobei nur drei in Frage kamen: mein Vater, ich oder mein Bruder Ciro. Mein ältester Bruder arbeitete inzwischen in Turin, und meine beiden Schwestern hätten das Huhn hinterher nie essen können, wenn sie als »Mittäter« geholfen hätten.

Der Helfer musste das Huhn an den Klauen und an den Flügeln packen und über die Toilette halten, meine Mutter packte es mit einer Hand am Kopf, mit der anderen Hand, die mit einem großen scharf gewetzten Messer bewaffnet war, schnitt sie ihm den Hals durch.

Warum ich mit dieser blutigen Angelegenheit nie Probleme hatte, weiß ich nicht, aber ein Huhn zu schlachten ist für mich auch heute kein Problem. Mir ist es lieber, Hühner selber zu schlachten, die ich vorher frei laufen sah, als mir einen in Plastik verpackten Vogel aus dem Supermarkt zu holen.

TIPP

Es ist besser, das Hähnchen bei niedrigen Temperaturen länger, als heiß und kurz zu backen. So ist das Fleisch sicher durch und die Aromen verbinden sich besser miteinander.

ZUBEREITUNGSZEIT: ETWA 20 MINUTEN
BACKZEIT: ETWA 1 STUNDE

DAS HÄHNCHEN in 8 Stücke zerlegen oder den Metzger bitten, dass er diese Arbeit übernimmt. Den Backofen auf 180° vorheizen.

DIE HÄHNCHENSTÜCKE auf das Backblech legen. Große Kartoffeln schälen und in Stücke schneiden (zuerst der Länge nach halbieren, dann in je 4 Stücke schneiden). Die Kartoffelstücke neben den Hähnchenstücken verteilen. Den Knoblauch schälen und grob hacken, Rosmarin und Salbei zerrupfen und über Hähnchen und Kartoffeln streuen. Olivenöl darüber gießen und alles großzügig pfeffern und salzen.

DAS HÄHNCHEN in den Ofen (Mitte, Umluft 160°) schieben und etwa 1 Stunde garen, bis es goldbraun ist und die Kartoffeln weich und ebenfalls braun sind. Während der Garzeit zwei- bis dreimal wenden.

FÜR 4 PERSONEN

1 Hähnchen (etwa 1,3 kg)
500—700 g festkochende
  Kartoffeln
4 Knoblauchzehen
1—2 Zweige frischer
  Rosmarin
1 Zweig frischer Salbei
etwa 10 EL Olivenöl
Salz, frisch gemahlener
  schwarzer Pfeffer

41

Spezzatino con patate
[NEAPOLITANISCHES GULASCH]

ZUBEREITUNGSZEIT: ETWA 1 STUNDE

> **DIE ZWIEBEL SCHÄLEN** und in feine Scheiben schneiden. Das Fleisch trockentupfen, größere Stücke kleiner schneiden. Die Kartoffeln schälen und der Länge nach halbieren. Jede Hälfte in 4 Stücke schneiden. Das Öl in einem großen Topf erhitzen, die Zwiebel darin andünsten. Das Fleisch dazugeben und unter Rühren anbraten. Den Wein angießen und verdampfen lassen.

DIE KARTOFFELN DAZUGEBEN, die Brühe angießen, salzen und pfeffern. Das Gulasch bei schwacher Hitze zugedeckt etwa 40 Minuten schmoren. Immer mal wieder umrühren und eventuell etwas Brühe angießen. Das Gulasch soll schön gebunden sein.

FÜR 4 PERSONEN

1 Zwiebel
500 g Rindergulasch
400 g Kartoffeln
7 EL Olivenöl
$1/4$ l Weißwein
$1/4$ l Fleischbrühe oder Wasser
Salz, frisch gemahlener Pfeffer

Gattò
[KARTOFFELAUFLAUF]

Dieses typisch neapolitanische Gericht wird in jeder Familie anders zubereitet. Vor allem, weil sich für den Auflauf alle Käse- und Wurstreste aus dem Kühlschrank verwenden lassen.

ZUBEREITUNGSZEIT: ETWA 40 MINUTEN
BACKZEIT: ETWA 1 STUNDE

> **DIE KARTOFFELN WASCHEN** und in Wasser in 20 – 30 Minuten weich kochen. Etwas ausdämpfen lassen, schälen und durch die Kartoffelpresse drücken. Abkühlen lassen. Mozzarella, Salami, Mortadella und Emmentaler klein würfeln. Die Petersilie waschen und trocknen, die Blättchen fein hacken.

DEN BACKOFEN AUF 180° vorheizen. Eine Springform (28 cm Durchmesser) mit Öl auspinseln und mit Semmelbröseln ausstreuen. Das Ei unter die Kartoffeln mischen. Die gewürfelten Zutaten, die geriebenen Käse, Salz, Pfeffer und 8 EL Öl dazugeben und gründlich mischen. Die Masse in die Form geben, die Oberfläche mit dem restlichen Öl bestreichen und mit den Semmelbröseln bestreuen. Die Form etwas schütteln, damit sich die Brösel gleichmäßig verteilen.

DEN KARTOFFELAUFLAUF im heißen Ofen (Mitte, Umluft 160°) etwa 1 Stunde backen, bis er schön goldbraun ist.

FÜR 4 PERSONEN

1 kg mehlige oder vorwiegend festkochende Kartoffeln
1 Beutel Mozzarella (125 g)
100 g harte luftgetrocknete Salami
100 g Mortadella
100 g Emmentaler
$1/2$ Bund Petersilie
1 Ei
100 g frisch geriebener Parmesan
100 g frisch geriebener Pecorino
Salz, frisch gemahlener Pfeffer
10 EL Olivenöl
etwa 60 g Semmelbrösel
Für die Form: Öl und Semmelbrösel

Alici indorate e fritte
[PANIERTE UND FRITTIERTE SARDELLEN ODER SARDINEN]

ZUBEREITUNGSZEIT: ETWA 40 MINUTEN

> **DIE FISCHE WASCHEN,** die Köpfe abschneiden. Die Fische am Bauch aufschneiden und die Mittelgräte vorsichtig mit einem Messer ablösen und herausziehen. Das Mehl in einen Teller füllen. Die Eier in einem anderen Teller aufschlagen und mit einer Gabel leicht verquirlen. Die Fische salzen und pfeffern, zuerst durchs Mehl ziehen, dann durch die Eier.

DAS ÖL IN EINEM GROSSEN TOPF sehr heiß werden lassen. Die Hitze prüfen: einen hölzernen Kochlöffelstiel hineinhalten. Wenn sich rundherum viele Bläschen bilden, ist das Öl heiß genug. Die Fische portionsweise im Öl 3–4 Minuten frittieren, bis sie goldbraun sind.

DIE FISCHE mit einem Schaumlöffel aus dem Öl holen, auf Küchenpapier kurz abtropfen lassen und mit den Zitronenschnitzen servieren.

FÜR 4 PERSONEN

700 g frische oder tief-
  gefrorene und aufgetaute
  Sardellen oder Sardinen
5–6 EL Mehl
2 Eier
Salz, frisch gemahlener
  Pfeffer
etwa 1 l Olivenöl zum
  Frittieren
Zitronenschnitze zum
  Servieren

Alici ammollicate
[GRATINIERTE SARDELLEN ODER SARDINEN]

ZUBEREITUNGSZEIT: ETWA 30 MINUTEN
BACKZEIT: 30–40 MINUTEN

> **DIE FISCHE WASCHEN,** die Köpfe abschneiden. Die Fische am Bauch aufschneiden und die Mittelgräte vorsichtig mit einem Messer ablösen und herausziehen. Die Fische mit der Haut nach unten in eine große feuerfeste Form legen. Nebeneinander oder in zwei Schichten aufeinander.

DEN BACKOFEN AUF 180° vorheizen. Den Knoblauch schälen und sehr fein hacken. Die Petersilie waschen, die Blättchen auch sehr fein zerkleinern. Beides mit den Semmelbröseln, Salz und Pfeffer mischen und über die Fische streuen. Die Kirschtomaten waschen, halbieren und darauflegen.

DAS OLIVENÖL über die Fische träufeln. Die Fische im Ofen (Mitte, Umluft 160°) 30–40 Minuten backen, bis die Oberfläche gebräunt ist. Heiß essen.

FÜR 4 PERSONEN

700 g frische oder tief-
  gefrorene und aufgetaute
  Sardellen oder Sardinen
2–3 Knoblauchzehen
1/2 Bund Petersilie
3 EL Semmelbrösel
Salz, frisch gemahlener
  Pfeffer
2–3 Kirschtomaten
etwa 10 EL Olivenöl

Verdure

WAS HAT EINE KRIPPE
MIT DEM ESSEN ZU TUN?
IN NEAPEL SEHR VIEL.
DENN UNSERE KRIPPE VER-
MITTELT DEM BETRACHTER
EINEN QUERSCHNITT
DES NEAPOLITANI-
SCHEN LEBENSGE-
FÜHLS, IN DEM DAS
ESSEN EINE GROSSE ROLLE
SPIELT. SO STEHT MAN
JEDES MAL WIEDER BEZAU-
BERT UND SPRACHLOS VOR

DIESEN FANTASTISCHEN **KRIPPENLANDSCHAF-TEN,** DIE MIT LIEBE ZUM DETAIL GEBAUT WERDEN, **EGAL WIE GROSS ODER KLEIN** DIE KRIPPE IST. MAN KANN SICH KAUM ENTSCHEIDEN, WO MAN MIT DEM ANSCHAUEN ANFANGEN MÖCHTE: VOR DER »TRATTORIA« STEHT EIN **PIZZAOFEN,** DER PIZZABÄCKER HÄLT SEINE SCHAUFEL MIT EINER **PIZZA** DRAUF SO HALB **IN DER LUFT** UND LÄCHELT GLÜCKLICH, WÄH-REND IM OFEN DAS FEUER (AUS ROTEM PAPIER MIT einer winzigen flackernden Lampe im Hintergrund) brennt. Bückt man sich ein wenig, so hat man Einblick in den Innenraum und sieht vier zechende Männer an einem Tisch. Etwas darüber, auf einem bemoosten Korkhügel steht ein Haus. An seinem Balkon hängen Tomaten und Melonen und drumherum die Wäsche zum Trocknen. Durch die offenen Fensterläden sieht man ein Baby in der Wiege, die Mutter sitzt nebenan und schaukelt die Wiege, die sich, durch Strom ange-trieben, wirklich bewegt. Derselbe Strom speist eine kleine Pumpe, die Wasser fließen lässt: für die Darstellung eines Flusses, an dessen Ufer eine Frau Kleider wäscht.

Etwas weiter sieht man einen Angler, der gerade einen Fisch gefan-gen hat. Wie in allen anderen Krippen der Welt weiden auch hier Schafe und Kühe auf der Wiese. Doch dann wird es wieder bunt: dort ein Verkäufer mit ei-nem bunten Gemüsestand voller Blumenkohl, Auberginen und Salat, da ein Fischhändler vor einem Berg Miesmuscheln und zappelnde Fische. Dort ein Wasserverkäufer hinter einem mit Zitronen, Orangen und Tonamphoren ge-schmückten Tresen.

Obwohl auch bei diesen Krippen der Mittelpunkt die Grotte (oder der Stall) mit Josef, Maria, dem Christkind und den drei Königen ist, hat man das Gefühl, der Rest sei für die Neapolitaner mindestens genauso wichtig. Als ich Anfang der 80er-Jahre zum ersten Mal eine deutsche Krippe sah, war ich ent-täuscht: Die Figuren waren wie erstarrt, alles wirkte versteinert. Ganz anders als unsere Krippen, wo alles in Bewegung ist. Wahrscheinlich haben die Neapolita-ner gedacht: »Schon wieder ein Herrscher mehr!« Und sie nahmen ihn an, wie sie die Sarazenen, die Franzosen, die Spanier und alle anderen Herrscher an-nahmen. Zwar war der Erlöser geboren, sie lebten jedoch weiter wie zuvor. Sie aßen, zechten, wuschen, angelten, kauften und verkauften. Die Zeit später würde zeigen, ob sie wirklich erlöst werden würden.

Carciofi affogati
[GESCHMORTE ARTISCHOCKEN]

ZUBEREITUNGSZEIT: ETWA 50 MINUTEN

EINE SCHÜSSEL mit kaltem Wasser füllen, den Zitronensaft untermischen. Die holzigen Stiele der Artischocken bis auf 1 cm abschneiden. Äußere harte Blätter entfernen, bei den übrigen Blättern mit einer Küchenschere nur die Spitzen gerade abschneiden. Die Blätter etwas auseinander biegen und, wenn vorhanden, das Heu aus der Mitte mit einem Löffelchen entfernen. Die Artischocken längs vierteln und sofort ins Zitronenwasser legen.

DAS OLIVENÖL in eine Pfanne geben, die Artischocken und den Petersilienzweig zufügen. Mit wenig Wasser benetzen, salzen und pfeffern. Die Artischocken erhitzen und zugedeckt bei schwacher Hitze 20–30 Minuten schmoren, bis sie weich sind.

FÜR 4 PERSONEN

Saft von 2–3 Zitronen
8 junge, zarte
  Artischocken
5–6 EL Olivenöl
1 Zweig Petersilie
Salz, frisch gemahlener
  Pfeffer

Broccoli all'insalata
[BROCCOLISALAT]

Auf diese Art können Sie auch Spinat oder Mangold zubereiten und schnell eine tolle Beilage für Fleisch und Fisch zaubern.

ZUBEREITUNGSZEIT: ETWA 30 MINUTEN

> **DEN BROCCOLI WASCHEN** und die Röschen abschneiden. Die Stiele schälen und in Stücke schneiden. Den Broccoli in reichlich Salzwasser bissfest kochen oder über dem heißen Wasserdampf dämpfen.

> **INZWISCHEN DEN KNOBLAUCH** schälen und grob hacken. Den Broccoli abgießen und noch warm mit Zitronensaft, Olivenöl, Salz und Knoblauch mischen. Lauwarm oder kalt essen.

FÜR 4 PERSONEN

500 g Broccoli
Salz
1 Knoblauchzehe
Saft von 1 Zitrone
etwa 10 EL Olivenöl

Carciofi ripieni
[GEFÜLLTE ARTISCHOCKEN]

ZUBEREITUNGSZEIT: ETWA 50 MINUTEN

> **EINE SCHÜSSEL** mit kaltem Wasser und dem Zitronensaft füllen. Die Artischocken waschen, die Stiele bis auf 1 cm abschneiden. Die äußeren harten Blätter entfernen, bei den übrigen Blättern mit einer Schere die Spitzen gerade schneiden. Die Artischocken sofort ins Zitronenwasser legen.

> **DIE EIER MIT DEM KÄSE,** Salz und Pfeffer verquirlen. Die Salami in kleine Würfel schneiden.

> **DIE ARTISCHOCKEN** aus dem Wasser heben und abtropfen lassen. Am Stiel fassen und die Vorderseite der Artischocken auf den Tisch klopfen, bis sich die Blätter wie bei einer Blüte leicht öffnen. Falls vorhanden, das Heu (das strohige) aus der Mitte mit einem Löffelchen entfernen. Die Artischocken innen salzen und pfeffern. Das Olivenöl in einen hohen Topf geben. Die Artischocken aufrecht nebeneinander hineinstellen. In jede Artischocke Salami füllen, die Eiermischung hineingießen. Wenig Wasser drüberträufeln.

> **DIE ARTISCHOCKEN ERWÄRMEN,** dann bei schwacher Hitze zugedeckt etwa 30 Minuten schmoren, bis sie weich sind. Dazu schmeckt sehr gut Kartoffelpüree, mit reichlich Parmesan vermischt.

FÜR 4 PERSONEN

Saft von 2—3 Zitronen
8 junge zarte
  Artischocken
2 Eier
80 g frisch geriebener
  Parmesan
Salz, frisch gemahlener
  Pfeffer
160—180 g luftgetrocknete
  Salami
5—6 EL Olivenöl

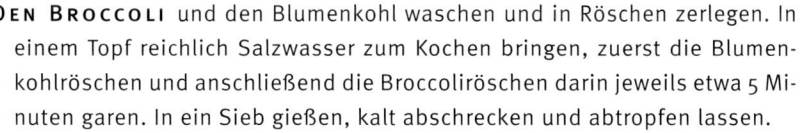

Insalata di rinforzo
[STÄRKUNGSSALAT]

Dieser Salat wird in Neapel normalerweise an Weihnachten als Vorspeise serviert.

ZUBEREITUNGSZEIT: ETWA 35 MINUTEN

> DEN BROCCOLI und den Blumenkohl waschen und in Röschen zerlegen. In einem Topf reichlich Salzwasser zum Kochen bringen, zuerst die Blumenkohlröschen und anschließend die Broccoliröschen darin jeweils etwa 5 Minuten garen. In ein Sieb gießen, kalt abschrecken und abtropfen lassen.

> DIE BROCCOLI- und die Blumenkohlröschen dekorativ auf eine Platte legen. Die Mixed-Pickles, die Oliven und die Sardellen aus ihrem Sud nehmen und die Platte damit dekorieren.

> DAS OLIVENÖL mit dem Zitronensaft oder Essig und Salz mit einer Gabel cremig rühren. In ein kleines Kännchen gießen und mit auf den Tisch stellen. So kann jeder bei Tisch seine Portion selber anmachen.

FÜR 4 PERSONEN

1 Broccolistaude
1 kleiner Blumenkohl
Salz
1 Dose Mixed-Pickles
   (etwa 500 g)
100 g schwarze Oliven
100 g grüne Oliven
1 kleine Dose oder 1 Glas
   eingelegte Sardellen-
   filets
etwa 12 EL Olivenöl
Saft von 1 Zitrone oder
   4 EL Essig

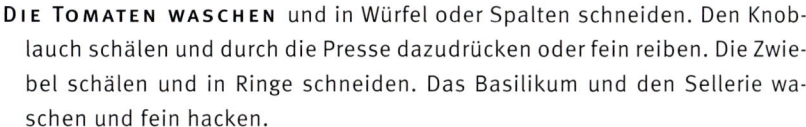

Insalata di pomodori
[NEAPOLITANISCHER TOMATENSALAT]

Dieser Salat ist bei uns ein Sommersymbol. Von Juni bis September fehlt er auf keinem Tisch. Um die Hitze erträglicher zu machen und um die köstliche Sauce zu strecken, in die jeder gerne sein Brot stippt, fügen viele Neapolitaner Eiswürfel hinzu. Wenn man gekochte Kartoffeln in Stücken, in Olivenöl eingelegten Tunfisch und hart gekochte Eier zusätzlich unter den Salat rührt, hat man an warmen Tagen eine komplette Mahlzeit. Fügen Sie bitte keinen Essig hinzu: Die Tomate ist von Natur aus säuerlich, Essig nimmt ihr den wundervollen Geschmack. Und den Salat vor dem Servieren am besten 30-40 Minuten kühlen.

ZUBEREITUNGSZEIT: ETWA 15 MINUTEN

> DIE TOMATEN WASCHEN und in Würfel oder Spalten schneiden. Den Knoblauch schälen und durch die Presse dazudrücken oder fein reiben. Die Zwiebel schälen und in Ringe schneiden. Das Basilikum und den Sellerie waschen und fein hacken.

> ALLE DIESE ZUTATEN zu den Tomaten geben, den Salat mit Salz, Pfeffer, Oregano und Olivenöl abschmecken. Eventuell mit Basilikum garnieren.

FÜR 4 PERSONEN

6 große Tomaten
1 Knoblauchzehe
1 kleine Zwiebel
4 Basilikumblätter
1 Stückchen Stangen-
   sellerie
Salz, frisch gemahlener
   Pfeffer
2—3 TL getrockneter
   Oregano
etwa 6 EL bestes Olivenöl
eventuell Basilikum zum
   Garnieren

Peperoni arrostiti

[Gegrillte Paprikaschoten]

Die Paprikaschoten sind die klassische sonntägliche Beilage zum Ragù-Fleisch, leider etwas aufwändig in der Zubereitung. Meine Mutter machte am Sonntag davon große Mengen, da wir oft Gäste hatten und bis zu 16 Personen am Tisch saßen. Schwarze verbrannte Partikel waren dann überall verteilt und unsere Küche war anschließend in Rauch gehüllt, wie die padanische Ebene in winterlichem Nebel. Sicherlich wird das auch heute noch in vielen neapolitanischen Großfamilien so sein. Die Neapolitaner nehmen lieber viel Arbeit auf sich, als sich von ihren Traditionen zu trennen und schlecht zu essen. Im Gegensatz zu hier kocht man bei uns in Italien fast ausschließlich mit Erdgas, früher sogar mit Propanflaschen. So wurden und werden die Paprika auf der offenen Flamme gegrillt. In noch früheren Zeiten wurde mit Holzkohle gekocht und die Paprikas wurden richtig gegrillt. Da ich beim Kochen sehr an Traditionen hänge, grille ich meine Paprika immer. Im Winter mache ich es im Kaminofen.

ZUBEREITUNGSZEIT: ETWA 30 MINUTEN
GARZEIT: ETWA 40 MINUTEN

DIE PAPRIKASCHOTEN waschen. Den Backofen oder den Backofengrill auf höchste Stufe stellen. Die Paprikaschoten auf ein Backblech legen und im heißen Backofen so lange grillen oder backen, bis die Schale komplett schwarz ist.

DIE SCHOTEN aus dem Ofen nehmen, kurz abkühlen lassen. Dann die schwarze verbrannte Haut unter dem kalten Wasserstrahl abziehen. Samen und weiße Fäden entfernen, die Schoten in Streifen schneiden.

DEN KNOBLAUCH SCHÄLEN und grob hacken. Die Kapern in einem kleinen Sieb abspülen, bis das Salz abgewaschen ist. Die Oliven entkernen. Das Öl in einer Pfanne erhitzen und den Knoblauch darin goldbraun dünsten. Die Paprikastreifen, Kapern, den unzerkleinerten Petersilienzweig, die Oliven und wenig Salz dazugeben.

DIE PAPRIKASTREIFEN bei schwacher Hitze zugedeckt ungefähr 40 Minuten köcheln lassen, bis sie richtig weich und zusammengefallen sind.

FÜR 4 PERSONEN

1,5–2 kg bunt gemischte
 Paprikaschoten
1 Knoblauchzehe
1 EL Kapern in Salz
2 EL schwarze Oliven
7–8 EL Olivenöl
1 Petersilienzweig
Salz

55

Zucchini alla scapece
[MARINIERTE ZUCCHINI]

ZUBEREITUNGSZEIT: ETWA 30 MINUTEN
MARINIERZEIT: 3—4 STUNDEN

DIE ZUCCHINI WASCHEN, abtrocknen und in dünne Scheiben schneiden. In einem großen Topf das Olivenöl heiß werden lassen. Es ist warm genug, wenn sich an einem Holzstäbchen viele Bläschen bilden. Die Zucchini portionsweise ins heiße Öl geben und hellbraun frittieren. Mit einem Schaumlöffel herausheben und auf Küchenpapier gut abtropfen lassen. Die Zucchinischeiben auf einer Platte ausbreiten und mit Salz und Pfeffer würzen.

DIE MINZE WASCHEN, zerzupfen. Den Knoblauch schälen und grob hacken. Beides über die Zucchini geben. Mit dem Essig und dem frischen Öl beträufeln, zudecken und 3—4 Stunden kühl stellen. Die marinierten Zucchini vor dem Servieren etwa $1/2$ Stunde bei Raumtemperatur stehen lassen.

FÜR 4 PERSONEN

500 g Zucchini
etwa 1 l Olivenöl zum
   Frittieren + 10 EL
   frisches Öl
Salz, frisch gemahlener
   Pfeffer
1/2 Bund frische Minze
3 Knoblauchzehen
100 ml Weinessig

TIPP

Machen Sie davon gleich größere Mengen und bedecken Sie die Zucchini gut mit der Marinade. Sie halten im Kühlschrank 2—3 Tage.

Spiritosa di carote
[MÖHRENGEMÜSE]

Über dieses Gericht erzählt Matilde Serao, eine Journalistin und Schriftstellerin aus dem 19. Jh. in ihrem Buch »Il Ventre di Napoli.« Zusammen mit Zucchini alla scapece war die Spiritosa das billige Essen der armen Leute. Die Menschen kamen mit Brot zum Wanderverkäufer und dieser legte ihnen die Gemüse mit dem Sud darauf.

ZUBEREITUNGSZEIT: ETWA 30 MINUTEN

DIE MÖHREN WASCHEN oder schälen, putzen und in 2—3 cm lange fingerdicke Scheiben schneiden. In einem Topf wenig Salzwasser zum Kochen bringen, die Möhren darin zugedeckt bei mittlerer Hitze 10—15 Minuten kochen, bis sie bissfest sind. Die gegarten Möhren abtropfen lassen und in eine flache Schüssel geben. Den Knoblauch schälen und grob hacken, die Chilischote in 3—4 Stücke schneiden. Die Möhren mit Salz, Oregano, Knoblauch und Chili würzen.

DEN ESSIG mit $1/2$ l Wasser vermischen und bei starker Hitze kochen lassen, bis sich die Flüssigkeit um die Hälfte reduziert hat. Zuerst diesen Sud und dann das Olivenöl auf die Möhrenstreifen gießen.

FÜR 4 PERSONEN

300 g Möhren
Salz
2 Knoblauchzehen
1 getrocknete Chilischote
2—3 TL getrockneter
   Oregano
180 ml Essig
etwa 10 EL Olivenöl

TIPP

So vorbereitet sind die Möhren mehrere Tage haltbar. Außerdem eignen sie sich auch als Vorspeise.

Melanzane a funghetti
[AUBERGINEN AUF ART VON PILZCHEN]

ZUBEREITUNGSZEIT: ETWA 45 MINUTEN
RUHEZEIT: ETWA 30 MINUTEN

> **DIE AUBERGINEN WASCHEN** und 2 cm groß würfeln. Mit Salz bestreuen und etwa 30 Minuten stehen lassen. Dann nochmal kalt abspülen und mit Küchenpapier abtrocknen. Das Öl in einer hohen Pfanne erhitzen und die Auberginen darin portionsweise frittieren, bis sie goldbraun sind. Jeweils mit dem Schaumlöffel herausholen und auf Küchenpapier abfetten lassen.

DEN KNOBLAUCH SCHÄLEN und ganz lassen. Tomaten waschen und würfeln, Basilikum abzupfen. Das Öl aus der Pfanne gießen, das frische Öl hineingeben und erhitzen. Knoblauch darin kurz anbraten. Tomaten und Basilikum hinzugeben. Das Ganze offen bei mittlerer Hitze 7 – 8 Minuten köcheln lassen. Auberginen unterrühren und erwärmen. Salzen und servieren.

FÜR 4 PERSONEN

1 kg Auberginen
Salz
etwa 1 l Olivenöl zum
  Frittieren + 3–4 EL
  frisches Öl
1 Knoblauchzehe
4 reife Tomaten
1/2 Bund Basilikum

Pomodori ripieni di riso
[MIT REIS GEFÜLLTE TOMATEN]

ZUBEREITUNGSZEIT: ETWA 40 MINUTEN
BACKZEIT: ETWA 40 MINUTEN

> **DIE TOMATEN WASCHEN,** einen Deckel abschneiden und das Innere herauslöffeln. Die Tomaten innen salzen und umgedreht auf einen Rost legen. Das Ausgehöhlte pürieren. Die Zwiebel schälen und fein hacken.

DAS OLIVENÖL und die Butter in einem Topf erhitzen. Den Reis und die Zwiebel kurz anbraten. Wie bei einem Risotto eine kleine Kelle Brühe dazugeben. Dabei mit dem Holzlöffel ständig rühren. Immer wieder Brühe angießen, wenn der Reis trocken wird. Den Reis jedoch nicht 20 Minuten, sondern nur 10 Minuten garen. Zum Schluß das Tomatenpüree dazugeben.

DEN BACKOFEN auf 180° vorheizen. Den Reis vom Herd nehmen und mit der Hälfte des Parmesans verrühren. Mit Salz und Pfeffer abschmecken.

DIE TOMATEN MIT DEM REIS füllen und nebeneinander in eine feuerfeste Form setzen. Mit dem restlichen Parmesan bestreuen und im Backofen (Mitte, Umluft 160°) 30 – 40 Minuten backen.

FÜR 4 PERSONEN

8 größere Tomaten
Salz, frisch gemahlener
  Pfeffer
1 Zwiebel
3–4 EL Olivenöl
50 g Butter
150 g Risotto- oder
  Langkornreis
1/8 l Fleischbrühe
100 g frisch geriebener
  Parmesankäse

Dolci

SCHON **ENDE NOVEM-
BER,** IMMER AM FRÜHEN
MORGEN, WENN MAN NOCH
IM BETT LAG, KONNTE MAN
DIE **SCHRILLE MUSIK**
DER **DUDELSÄCKE** HÖ-
REN: ES WAREN DIE »ZAM-
POGNARI«, DIE ZUSAMMEN
MIT DER KALTEN LUFT GE-
KOMMEN WAREN UND DIE
BIS ZUM 6. JANUAR ZUR
**WEIHNACHTSSTIM-
MUNG** DAZUGEHÖREN WÜR-

DEN. MIT FELLJACKEN UND FELLSCHUHEN BEKLEIDET, KAMEN DIESE SCHAF- HIRTEN AUS DEN AB- RUZZEN, AUS MOLISE ODER AUS DEM SÜDLICHEN TEIL DES LATIUM IMMER ZU ZWEIT IN DIE ITALIENISCHEN GROSS- STÄDTE: DER EINE SPIELTE EINE ZAMPOGNA, EINE ART EINFACHER DUDELSACK, DER ANDERE EINE LANGE SCHMALE FLÖTE. SIE SPIELTEN UNENTWEGT UND OFT SPIELTEN SIE FALSCH, ABER SIE GEHÖRTEN ZU UN- SEREM WEIHNACHTEN DAZU, WIE DAS BAUEN EINER

Krippe oder das Backen. Man winkte sie von der Straße in die Häuser, wo sie mit Hingabe »Tu scendi dalle stelle« vor der Krippe spielten, aus der sie eine Schar verwunderter Waschfrauen, Pizzabäcker, Schafe, Gemüseverkäufer und Kamele anglotzte. Nach dem Ständchen bekamen sie Trinkgeld und etwas zu trinken und zu essen. Meine Mutter zahlte ihnen wie viele andere auch eine kleine Summe im Voraus, eine Art Abo, damit sie während der ganzen Adventszeit immer ins Haus kamen, um vor der leeren Krippe des »Gesù bambino« zu spielen. Bei uns bekamen sie jeden Morgen etwas Süßes und ein selbst gemachtes Likörchen, weil Mutter glaubte, mit dem Alkohol wären sie gegen die Kälte auf der Straße besser gewappnet. Sie nahmen Gebäck und Likörchen dankend an, verabschiedeten sich und waren 24 Stunden später wieder da. Eines Tages aber, als Mutter ihnen das Likörchen anbieten wollte, fasste einer von ihnen Mut und sagte: »Bitte nicht, Signora. Was ich gestern bekommen habe, hat schon für die ganze Woche gereicht, ich war so besoffen hinterher, dass ich nicht mehr spielen konnte.«

Verlegen meinte meine Mutter: »Komisch, von einem Gläschen von dem Zeug ist noch nie jemand besoffen geworden. Mmmh …!« Sie schloss die Tür hinter ihnen und grübelte weiter. Es ließ sie den ganzen Tag über nicht los, immer wieder sagte sie: »Komisch.« Sie spülte und sagte: »Verstehe ich nicht«, kochte und fragte sich im aufsteigenden Dampf ihrer Kochtöpfe: »wie war es möglich?« Als am Abend mein Vater von der Arbeit kam, und wir alle um den Küchentisch versammelt waren, tauschten meine Eltern die Ereignisse des Tages aus. »Etwas Komisches ist heute Morgen passiert. Weißt du, als ich, wie jeden Morgen, den Zampognari ein Likörchen zur Stärkung anbieten wollte, sagte der eine, er wäre gestern davon so besoffen gewesen, dass er nicht mehr spielen konnte. Wie kann das bloß sein?« Mein Vater blickte verlegen in seinen Teller und sagte: »Tja … Nun, mmh, mir kam es wie eine Verschwendung vor, all diese verschiedenen Likörreste in den Flaschen, mmh … da im Schrank. So habe ich sie alle in eine einzige Flasche zusammengeschüttet. Also … ich finde, es schmeckt hervorragend«!

Fragolino
[ERDBEERLIKÖR]

Der Fragolino ist einer der ältesten hausgemachten Liköre – und das, obwohl Walderdbeeren in einer Großstadt wie Neapel eine Seltenheit sind. Meistens kamen und kommen sie aus den Bergen des Hinterlands. Da ihr Preis sehr hoch war, wurde dieser Likör immer wie eine Kostbarkeit behandelt. Meine Mutter machte ihn nicht, aber bei meiner Taufpatin bekamen wir ihn serviert. Sie bewahrte ihn in einer alten geschliffenen Karaffe auf und goss ihn in winzige, zur Karaffe passende Likörgläschen.

ZUBEREITUNGSZEIT: ETWA 20 MINUTEN
RUHEZEIT: 1 TAG + 1 MONAT

> **DIE WALDERDBEEREN** ganz kurz unter dem kalten Wasserstrahl abspülen. Mit dem Alkohol in einem Einmachglas mischen, gut verschließen und etwa 24 Stunden stehen lassen.

> **IN EINEM TOPF ZUCKER** und 300 ml Wasser erhitzen, bis der Zucker sich auflöst. Zuckerwasser und Erdbeerflüssigkeit vermischen und in saubere Flaschen füllen. Die Früchte werden nicht entfernt. Den Likör vor dem ersten Probieren mindestens 1 Monat ruhen lassen.

Nocillo
[WALNUSSLIKÖR]

Traditionsgemäß wird der Nocillo am Johannistag (24. Juni) mit den kleinen noch unreifen Walnüssen angesetzt.

ZUBEREITUNGSZEIT: ETWA 20 MINUTEN
RUHEZEIT: 6 WOCHEN + 3 MONATE

> **DIE WALNÜSSE** in 4 Teile schneiden und mit dem Alkohol, den Gewürzen und der Zitronenschale (nur die äußerste gelbe Schale) in einem Einmachglas mischen. Am 3. August oder einfach nach 6 Wochen die Flüssigkeit durch eine Kaffeefiltertüte gießen. In einem Topf den Zucker in 300 ml Wasser erhitzen und auflösen. Wieder ganz kalt werden lassen.

> **DAS ZUCKERWASSER** und den aromatischen Alkohol vermischen und in Flaschen füllen. Der Likör muss mindestens 3 Monate ruhen, bis man ihn probieren kann.

FÜR 1 ¼ L LIKÖR

300 g Walderdbeeren
¼ l Alkohol (95%)
300 g Zucker

FÜR 1 ¼ L LIKÖR

20 kleine grüne Walnüsse
350 ml Alkohol (95%)
4 Gewürznelken
1 Stück (etwa 2 g)
  Zimtstange
1 Stück unbehandelte
  Zitronenschale
500 g Zucker

Limoncello

[Zitronenlikör]

Hausgemachte Liköre haben in Neapel eine lange Tradition. Eine volle Speisekammer oder einen vollen Kühlschrank – stets bereit, um Gäste zu bewirten – kannte man früher nicht. Wenn also jemand unangemeldet zu Freunden und Bekannten ins Haus kam, lautete die rituelle Frage: »Un caffé o un liquorino fatto in casa?« (Einen Espresso oder einen selbst gemachten Likör?). Drei Likörsorten waren in den neapolitanischen Häusern immer vorhanden: Liquore agli agrumi, nocillo und fragolino.

FÜR ETWA 1 1/2 L LIKÖR

5 unbehandelte Zitronen (davon ein paar grüne für die Farbe)
1/2 l Alkohol (95%)
500 g Zucker

ZUBEREITUNGSZEIT: ETWA 30 MINUTEN
RUHEZEIT: 20 TAGE

> **DIESER LIKÖR** wird nur aus der äußersten Schale der Zitronen gemacht und dazu müssen die Zitronen gut gewaschen und hauchdünn geschält werden, so dass nur die grüne oder gelbe Schale entfernt wird und nicht die innere weiße, die sehr bitter schmeckt und den Likör verderben würde.

DIE SCHALEN in einem großen Einmachglas mit dem Alkohol mischen. Das Glas zugedeckt 20 Tage lang im Dunkeln lagern. Nach dieser Zeit 1/2 l Wasser mit dem Zucker in einem Topf vermischen und erhitzen, bis sich der Zucker aufgelöst hat. Gründlich auskühlen lassen. Die Zitronenschalen aus dem Alkohol entfernen, dann den Alkohol und die kalte Zuckerlösung verrühren.

BESORGEN SIE sich Flaschen zum Abfüllen, die ins Tiefkühlfach ihres Kühlschrankes oder in Ihre Tiefkühltruhe passen, denn den Limoncello trinkt man eiskalt. Da der Alkohol nicht gefriert, sondern nur das Wasser, kann die Flasche in der Tiefkühltruhe nicht platzen, und der Likör bekommt durch die Kälte eine schmackhafte cremige Beschaffenheit. Die Gläschen vor dem Servieren ebenfalls in der Tiefkühltruhe kalt stellen.

VARIANTE: Liquore ai 4 agrumi [Likör aus 4 Zitrusfrüchten]

> **DIE ÄUSSERSTE HAUT** von 5 unbehandelten Mandarinen, 5 unbehandelten Orangen, 5 unbehandelten Zitronen und 2 Limonen (am besten alle aus dem Bioladen) abschneiden und mit 1 l Alkohol (95%) im Einmachglas zugedeckt 20 Tage lang dunkel stellen. 400 g Zucker in 400 ml Wasser auflösen, auskühlen lassen. Die Zitrusschalen aus dem Alkohol fischen, den Alkohol mit dem Zuckerwasser mischen. Den Likör in Flaschen abfüllen, die ins Tiefkühlfach oder in die Tiefkühltruhe passen.

TIPP

Da Alkohol in Deutschland sehr teuer ist, kaufe ich ihn immer in Italien. In Supermärkten findet man ihn bei den alkoholischen Getränken unter dem Namen »Alcol puro«.

Sfogliatelle
[Mürbeteigtaschen]

Sfogliatelle sind ein Markenzeichen der Neapolitanischen Konditorkunst. Es gibt zwei Sorten, nämlich Sfogliatelle »Riccie« (gekräuselt), aus Blätterteig und sehr kompliziert zu machen, und die »Frolle« (mürbe) aus Mürbteig, die ich hier vorstelle. In Neapel gibt es zwei traditionsreiche und besonders gute Adressen, um Sfogliatelle zu essen: Pintauro in der zentralen Via Roma, dessen Laden noch im alten Stil mit einer Marmor-theke geschmückt ist, und Scaturchio an der Piazza S. Domenico Maggiore, im Herzen der Altstadt. Beim Bestellen sollten Sie aber unbedingt auf Ihre Aussprache achten, um nicht, wie mein Mann, ins Fettnäpfchen zu treten. Er bestellte nämlich bei einer hübschen Verkäuferin eine »Spogliatella«, eine kleine Nackige. Denn spogliare bedeutet ausziehen! Sfogliare heißt dagegen abblättern, blättern.

ZUBEREITUNGSZEIT: 1 STUNDE
BACKZEIT: 15–20 MINUTEN

FÜR DEN TEIG DAS MEHL mit der gewürfelten Butter, dem Zucker und etwa 6 EL Wasser glatt verkneten. Zugedeckt etwa 30 Minuten kühl stellen.

INZWISCHEN RICOTTA und Zucker gut verrühren. 450 ml Wasser mit Salz zum Kochen bringen. Den Grieß einrieseln lassen und bei schwacher Hitze unter Rühren etwa 5 Minuten garen. In eine Schüssel füllen und abkühlen lassen.

DIE VANILLESCHOTE AUFSCHLITZEN und das Mark mit einem Messer herauskratzen. Das Orangeat und das Zitronat sehr fein hacken. Die Ricottacreme unter den abgekühlten Grieß mischen. Zimt, Vanille, Ei sowie Orangeat und Zitronat unterrühren.

DEN BACKOFEN AUF 180° (Umluft 160°) vorheizen. Den Teig auf wenig Mehl knapp $1/2$ cm dick ausrollen. Mit einem Glas runde Scheiben ausstechen. Die Hälfte der Scheiben mit Füllung belegen (nicht ganz bis zum Rand) und mit einer zweiten Scheibe abdecken. Die Ränder gut zusammendrücken.

EIN BACKBLECH mit Backpapier auslegen. Die Sfogliatelle darauf legen, mit Eigelb bepinseln und im Ofen (oben) 15–20 Minuten backen, bis sie goldbraun sind. Aufpassen, dass sie nicht zu dunkel werden. Das Gebäck aus dem Ofen nehmen, leicht abkühlen lassen und mit Puderzucker bestäuben.

FÜR 4 PERSONEN

Für den Teig:
350 g Mehl, 140 g Butter
140 g Zucker
Für die Füllung:
150 g weicher Ricotta
165 g Zucker
1 Prise Salz
150 g Grieß
$1/2$ Vanilleschote
25 g Orangeat
25 g Zitronat
1 gestrichener TL Zimt
1 Ei
Für das Blech: Backpapier
Zum Bestreichen:
1–2 Eigelbe
Zum Bestäuben: Puderzucker

67

Pastiera
[Osterkuchen]

Während der Osterzeit riecht in Neapel jede Gasse nach der Pastiera, und jeder Neapolitaner verbindet diesen Kuchen mit Ostern. Außer meine zweite Schwester, die diesen Kuchen auch an Weihnachten zubereitet. Das finde ich unmöglich, weil der Weizen ein Fruchtbarkeitssymbol, ein Symbol für den anstehenden Frühling, für das Wiedererwachen der Natur ist. Am Gründonnerstag werden bei uns in den Kirchen, abseits vom Hauptaltar, Darstellungen von Christus' Grabmal eingerichtet. Unter den Pflanzen, die dort als Schmuck stehen, befinden sich grundsätzlich immer kleine grüne Weizenpflanzen. Von Gründonnerstag bis Karfreitag machen die Neapolitaner den so genannten »Struscio«. Das ist ein Spaziergang von einer Kirche in die nächste, um diese Grabmaldarstellungen zu besichtigen und kurz davor zu beten. Struscio kommt von »strusciare«, schleifen. Also das, was man mit den Füßen macht, wenn man von Kirche zu Kirche zieht. Ostern verbringt man in Italien genau wie Weihnachten in der Familie, ein ganz besonderer Tag ist der Ostermontag. An diesem Tag ist nicht nur Neapel, sondern ganz Italien unterwegs. Denn am Ostermontag machen alle den ersten Ausflug der Saison. Egal, ob am Meer, in den Bergen oder auf der grünen Wiese, es wird ein Picknick veranstaltet, gegrillt, viel gegessen und getrunken. Zum Schluss kommt dann noch der Fußball zum Einsatz, um der Verdauung nachzuhelfen.

ZUBEREITUNGSZEIT: 45 MINUTEN
QUELLZEIT: 14 TAGE
BACKZEIT: 50-60 MINUTEN

FÜR DIE FÜLLUNG die Weichweizenkörner 14 Tage vor der Zubereitung waschen und in eine Schüssel geben. Mit kaltem Wasser bedecken und 14 Tage quellen lassen. Das Wasser täglich wechseln. Nach dieser Zeit die Körner abtropfen lassen und mit der Milch in einem großen Topf zugedeckt und bei schwacher Hitze köcheln lassen, bis die Weizenkörner weich sind und die Flüssigkeit aufgesogen ist. Falls die Körner noch nicht weich sind und die Flüssigkeit schon verdampft ist, noch Wasser oder Milch hinzufügen. Den Weizen abkühlen lassen.

FÜR DEN TEIG das Mehl mit dem Ei, dem Orangenblütenwasser, der Butter in kleinen Stücken und dem Zucker zu einem glatten Teig verkneten und zugedeckt 30 – 60 Minuten kalt stellen.

FÜR DIE FÜLLUNG die Vanilleschote längs aufschlitzen und das Mark herauskratzen. Die Eier trennen. Die Eigelbe schaumig rühren, die Eiweiße zu steifem Schnee schlagen. Eigelb und Eiweiß, Ricotta und Zucker in einer Schüssel gründlich verrühren. Die Weizenkörner untermischen. Zimt, Orangenblütenwasser und Vanille unterrühren.

DEN BACKOFEN AUF 180° vorheizen. Den Mürbteig in zwei Stücke teilen, eines etwas größer als das andere. Eine Springform von 26 oder 28 cm ø fetten und mit Mehl bestäuben. Das größere Teigstück auf wenig Mehl oder zwischen zwei Schichten Klarsichtfolie möglichst rund ausrollen und damit die Form auslegen. Überschüssigen Teig über den Rand hängen lassen und mit einer Schere gerade schneiden. Die Weizen- und Ricottamischung in die Form füllen. Orangeat und Zitronat im Mehl wenden (damit sie nicht zu Boden sinken) und auf der Masse verteilen. Das zweite Teigstück ausrollen und in 2 cm breite Streifen schneiden. Auf der Oberfläche daraus ein Gitter legen. Die untere Teigkante über das Gitter falten und vorsichtig zusammendrücken. Die Pastiera im Ofen (Mitte, Umluft 160°) in 50 – 60 Minuten schön braun backen. Abkühlen lassen.

FÜR DIE FÜLLUNG:

250 g Weichweizenkörner
$\frac{1}{2}$ l Milch , $\frac{1}{2}$ Vanilleschote, 5 Eier
250 g Zucker, 250 g Ricotta
1 Prise Zimt
3 EL Orangenblütenwasser
175 g Orangeat und Zitronat gemischt, 2 EL Mehl

FÜR DEN TEIG:

180 g Mehl, 1 Ei
1 EL Orangenblütenwasser
75 g Butter, 2 EL Zucker

FÜR DIE FORM:

Öl, Mehl

Struffoli
[Weihnachtsgebäck]

Vor dem Weihnachtsessen stehlen sich die Kinder ins Esszimmer und stecken einen Umschlag unter den Teller des Vaters. Er enthält ein Briefchen (La letterina) mit vielen guten Vorsätzen, wie »ich werde lieb sein, meine Geschwister und die Mama nicht ärgern und in der Schule mehr leisten.« Wenn endlich Zeit zum Essen ist, setzt sich der Vater auf seinen Platz und tut ganz unwissend. Der erste Gang wird in den Teller gefüllt, unter dem das Briefchen ruht. Die Spannung der Kinder wächst. Endlich ist Zeit für den zweiten Gang. Die Teller werden gewechselt. Der Vater tut über-

rascht und sagt, wie jedes Jahr: »Was haben wir denn da!«. Trotzdem heißt es weiter warten, denn bevor das 5–6-gängige Menü nicht zu Ende ist, dürfen die Kinder nicht vorlesen. Endlich ist es soweit. Die Kleinsten steigen auf einen Stuhl, halten eine schön verzierte Karte in der Hand. Nach dem Vorlesen heißt es Gedichte vortragen, die sie mit Hilfe der Lehrer eingeübt haben. Und endlich kommt das, wofür sie sich so gequält haben. Nicht die Bravorufe der Verwandtschaft, sondern Geld. Zu meiner Zeit waren es viele Münzen, die mir wie der Schatz in Stevensons Schatzinsel vorkamen.

ZUBEREITUNGSZEIT: ETWA 1 STUNDE
RUHEZEIT: ETWA 1 STUNDE

> DAS MEHL MIT DEN EIERN, dem Rum, der Butter, dem Zucker, der Zitronen- und Orangenschale sowie Salz zu einem glatten Teig zusammenkneten. Den Teig zugedeckt etwa 1 Stunde kühl stellen. Dann aus dem Teig fingerdicke Röllchen formen, und diese wiederum, wie kleine Gnocchi, in etwa 1 cm große Stücke schneiden. Mit Mehl bestäuben und auf ein Nudelbrett legen.

DAS ÖL in einem großen Topf erhitzen. Es ist heiß genug, wenn an einem hölzernen Kochlöffelstiel, den man ins heiße Fett hält, viele kleine Bläschen aufsteigen. Die Teigkügelchen portionsweise darin goldbraun frittieren und zum Abtropfen auf einen mit Küchenpapier ausgelegten Teller legen.

WENN ALLE FRITTIERT SIND, Orangeat und Zitronat sehr fein schneiden. In einem hohen Topf Honig, Zucker und 5 EL Wasser erhitzen. Zuerst bildet sich Schaum, dann wird die Mischung gelb. Auf ganz schwache Hitze zurückschalten und die Kügelchen und die Hälfte von Orangeat und Zitronat hinzufügen. Mit einem Holzlöffel ständig rühren, damit der Honig sich verteilt.

DIE MIT HONIG aneinander geklebten Kugeln auf einen runden Servierteller stürzen. Mit nassen Händen zu einem Kegel oder zu einer Halbkugel formen. Sofort mit bunten Zuckerperlen berieseln. Den Struffolikegel mit dem übrigen Orangeat und Zitronat und den kandierten Früchten dekorieren.

FÜR 10–12 PERSONEN

400 g Mehl + Mehl zum Bestäuben
4 Eier, 1 EL Rum
100 g Butter, 1 EL Zucker
abgeriebene Schale von je $\frac{1}{2}$ unbehandelten Zitrone und Orange
1 Prise Salz
etwa 1 l Sonnenblumenöl zum Frittieren
50 g Orangeat
50 g Zitronat
300 g Honig, 150 g Zucker
bunte Zuckerperlen
50 g andere kandierte Früchte
4 kandierte Kirschen

Torta caprese
[Torte auf Art von Capri]

Dieser Mandel-Schokoladen-Kuchen wird auf Capri im Sommer besonders gerne als Nachtisch serviert.

Meist gibt es dazu sahniges Vanilleeis, aber auch erfrischendes Zitroneneis passt sehr gut dazu.

Ebenfalls sommerlich attraktiv: die Torte nach dem Abkühlen mit geschmolzener weißer Kuvertüre überziehen und mit kandierten Veilchen oder kleinen kandierten Früchten garnieren. Und dazu passt dann Schokoladeneis oder eine Granita di caffè.

**ZUBEREITUNGSZEIT: ETWA 35 MINUTEN
BACKZEIT: ETWA 1^1/$_4$ STUNDEN**

> **DIE KUVERTÜRE,** die Mandeln und die Kekse sehr fein hacken. Die Eier trennen. Den Backofen auf 180° vorheizen. Die Springform mit Butter fetten und mit Mehl ausstäuben. Die Eigelbe mit dem Zucker schaumig rühren, dann die Butter hinzugeben und mit dem Handrührgerät weiterverarbeiten.
>
> **JETZT NACH UND NACH** die zerkleinerten Zutaten hinzufügen. Eventuell den Rum untermischen. Die Eiweiße steif schlagen und vorsichtig unterheben.
>
> **DEN TEIG IN DIE FORM** geben und im Ofen (Mitte, Umluft 160°) etwa 1^1/$_4$ Stunden backen. Den Kuchen etwas auskühlen lassen, auf eine Tortenplatte stürzen und mit einer Mischung aus Puderzucker und Zimt bestäuben.

VARIANTE: Torta caprese al limone (Zitronentorte auf Art von Capri)

> **250 G ZUCKER** mit 250 g weicher Butter gut schaumig rühren. Nacheinander 10 Eier unterrühren, dann die Schale von 3 unbehandelten Zitronen, 250 g geschälte und geriebene Mandeln, 100 g Speisestärke und 1 Gläschen Limoncello. In eine gefettete und bemehlte Springform füllen und bei 200° (Umluft 180°) etwa 10 Minuten, anschließend bei 150° (Umluft 130°) etwa 40 Minuten backen. Abgekühlt mit Puderzucker bestäuben.

FÜR EINE SPRINGFORM VON 26 CM Ø

250 g Zartbitter-
  Kuvertüre
400 g geschälte Mandeln
50 g Butterkekse oder
  3 gehäufte EL Mehl
10 Eier
250 g Zucker
250 g weiche Butter
eventuell 1 Gläschen Rum
Für die Form: Butter und
  Mehl
Zum Bestäuben:
  Puderzucker
1 Prise Zimt

Delizie al limone

[Zitronenküchlein von der Amalfiküste]

Diese Küchlein stammen ursprünglich aus Amalfi, wo sie »Suspirielli« (kleine Seufzer) genannt werden, wahrscheinlich, weil sie zum Seufzen gut schmecken. Sie verbreiteten sich dann weiter nach Norden bis Sorrent, wo sie Delizie genannt werden. In den letzten Jahren sind sie so populär geworden, dass sie auch die Stadt Neapel erobert haben und inzwischen sieht man sie fast in jeder Konditorei. Ich entdeckte die Delizie vor 7 oder 8 Jahren in Sorrent in einem vom Touristenrummel verschonten Restaurant. Mit den Delizie al limone verbinde ich daher das Bild der Küstenlandschaft von Amalfi und Sorrent mit den terrassierten Hängen und den als Pergolen wachsenden Zitronenbäumen im Kontrast zum türkisblauen Meer direkt darunter.

ZUBEREITUNGSZEIT: ETWA 55 MINUTEN
BACKZEIT: ETWA 12 MINUTEN

> **DEN BACKOFEN AUF 180°** (Umluft 160°) vorheizen. Das Backblech mit Backpapier auslegen.

FÜR DEN TEIG DIE EIER und den Zucker mit dem Handrührgerät schaumig verrühren. Die Sahne schlagen. Mehl löffelweise unter die Eiermasse rühren, nach und nach die Sahne unterrühren. Den Teig in einen Spritzbeutel füllen und kleine Häufchen Teig im Abstand von 2–3 cm auf dem Blech verteilen. Im Ofen (Mitte) in etwa 12 Minuten goldbraun ausbacken.

FÜR DIE FÜLLUNG DIE EIER, den Zucker und die Zitronenschale verrühren. Das Mehl hinzufügen. Weiterrühren und nach und nach die Milch hineingießen. Die Masse in einen Topf füllen und bei schwacher Hitze unter ständigem Rühren (immer in die selbe Richtung) erwärmen, bis die Creme eindickt. Nicht kochen lassen. Die Creme kalt werden lassen. Limoncello hineingeben, Zitronenschale entfernen. Die Sahne schlagen und unterheben.

DIE GEBACKENEN und abgekühlten Küchlein mit Limoncello benetzen. Ein Küchlein mit Creme bedecken und mit einem zweiten Küchlein abdecken. Ebenfalls mit Creme bestreichen, ein drittes Küchlein darauf legen. Auf diese Weise alle Delizie zusammensetzen, auf einen Servierteller stellen und mit der restlichen Creme übergießen. Mit dünn geschnittenen Zitronenschalen und Zitronenblättern dekorieren.

FÜR ETWA 20 STÜCK

Für den Teig:
2 Eier, 50 g Zucker
250 g Sahne, 140 g Mehl
3–4 EL Limoncello
Für die Füllung:
2 Eier, 2 EL Zucker
1 gehäufter EL Mehl
$1/4$ l Milch
3–4 EL Limoncello
abgeschnittene Schale von
$1/2$ unbehandelten (grünen)
Zitrone, 250 g Sahne
Für das Blech: Backpapier
Zum Dekorieren: Zitronenschale in feinen Streifen und eventuell Zitronenblätter

Baba al rum
[Hefekuchen mit Rum]

Im 18. Jh. wurde der König Polens, Stanis-
law Leczinski, vom Thron gestoßen und
musste zu seinem Schwiegersohn Louis XV
nach Frankreich ins Exil. Seine Köche verbreiteten dort dieses Rezept, der Kuchen
wurde später Savarin getauft. Von Frankreich aus fand er seinen Weg über die Alpen
bis nach Neapel. Denn im 18. Jh. kamen
viele französische Köche in die adeligen Familien Neapels.

ZUBEREITUNGSZEIT: ETWA 40 MINUTEN
GEHZEIT: 4—5 STUNDEN
BACKZEIT: ETWA 30 MINUTEN

ALLE ZUTATEN FÜR den Teig Zimmertemperatur annehmen lassen. Dann
Butter mit Mehl, Salz, Zucker, Eiern, Hefe und Milch in einer Schüssel mischen und alles mit den Händen etwa 15 Minuten lang kräftig schlagen. Der
Teig klebt dabei an der Hand und gleichzeitig an der Schüssel. Ziehen Sie
die Hand so zurück, dass der Teig nicht reißt und schlagen dann die offene
Hand wieder zurück auf den Boden der Schüssel. Dieser Vorgang bringt die
nötige Luft in den Teig und macht ihn locker. Die Gugelhupfform fetten, den
Teig einfüllen und zugedeckt noch etwa 2 Stunden (je nach Zimmertemperatur) gehen lassen. Der Teig soll nach der Gehzeit doppelt so groß sein.

DEN BACKOFEN AUF 180° vorheizen. Den Kuchen im Ofen (Mitte, Umluft
160°) etwa 30 Minuten backen, bis er schön gebräunt ist. Stäbchenprobe
machen: Wenn kein feuchter Teig dran klebt, ist der Kuchen fertig.

IN EINEM TOPF $^1/_4$ l Wasser mit dem Zucker bei schwacher Hitze erwärmen,
bis sich der Zucker gelöst hat. Den Rum untermischen.

DEN KUCHEN AUS DEM OFEN nehmen, auf ein Kuchengitter stürzen und
kalt werden lassen. Den Kuchen mit dem Gitter auf eine Schüssel stellen
und den Zuckerrum darüber gießen. Die Flüssigkeit aus der Schüssel so
lange über den Kuchen gießen, bis er ganz getränkt ist.

FÜR EINE
GUGELHUPFFORM

Für den Teig:
100 g Butter
300 g Mehl
1 Prise Salz
1 EL Zucker
5 Eier
100 ml Milch
1 Päckchen Trockenhefe
Für die Form: Butter
  oder Öl
Zum Tränken:
250 g Zucker
$^1/_4$ l Rum

TIPP

Wenn Sie den Rum durch Limoncello
ersetzen, schmeckt der Baba interessan-
ter und moderner.

Register

Die Temperaturstufen bei Gasherden
variieren von Hersteller zu Hersteller.
Welche Stufe Ihres Herdes der jeweils
angegebenen Temperatur entspricht,
entnehmen Sie bitte der Gebrauchs-
anweisung.

ABKÜRZUNGEN

TL = Teelöffel
EL = Esslöffel

Impressum

© 2000 Gräfe und Unzer Verlag GmbH, München
Alle Rechte vorbehalten. Nachdruck, auch auszugsweise, sowie Verbreitung durch Film, Funk, Fernsehen und Internet, durch fotomechanische Wiedergabe, Tonträger und Datenverarbeitungssysteme jeder Art nur mit schriftlicher Genehmigung des Verlages.

REDAKTION:
Stefanie Poziombka

LEKTORAT:
Cornelia Schinharl

LAYOUT UND TYPOGRAPHIE:
Claudia Fillmann

UMSCHLAGGESTALTUNG:
Claudia Fillmann,
independent Medien Design

FOTOS: siehe Bildnachweis

HERSTELLUNG:
Renate Hutt

SATZ: Filmsatz Schröter,
München

REPRODUKTION:
Penta Repro, München

DRUCK UND BINDUNG:
Druckhaus Kaufmann, Lahr

ISBN 3-7742-2004-2

Silvana Cozzuto kam am 1. 5. 1959 in Neapel als letztes von fünf Kindern auf die Welt. Auf der Dolmetscher- und Übersetzerschule machte sie den Abschluss für Deutsch und zog später nach Deutschland, wo sie zahlreiche Tätigkeiten ausübte. Heute arbeitet sie als Dolmetscherin und Übersetzerin, gibt Sprachkurse an der Volkshochschule und seit 1997 auch Kochkurse. Zwei Dinge ziehen sich durch ihr ganzes Leben: das Kochen, um die italienische Identität nicht zu verlieren und Schreiben, um das Wirrwarr des Lebens zu ordnen. In diesem Buch konnte sie beide Leidenschaften bestens verbinden.

Kai Mewes ist selbständiger Food-Fotograf in München und arbeitet für Verlage und Werbung. Sein Studio mit Versuchsküche befindet sich in der Nähe des Viktualienmarktes. Die stimmungsvollen Bilder sind Ausdruck seiner Hingabe, Fotografie und kulinarischen Genuss zu vereinen.

BILDNACHWEIS:
Kai Mewes; Außerdem: image bank: S. 16 rechts, 20 mitte, 40 rechts, 55; Laif: S. 6/7, 8, 11, 20 oben, unten, 27, 30/31, 32, 33, 35, 40 links, 45, 46/47, 59, 60/61, 62 links, 65, 67, 71, 77; Martin Thomas: S. 51, 75; Alle übrigen Bilder sind Familienbilder von Frau Cozzuto und wurden freundlicher Weise zur Verfügung gestellt.

Das Original mit Garantie